通常の学級でやさしい学び支援

改訂 読み書きが苦手な子どもへの〈漢字〉支援ワーク

令和６年度版 教科書対応

東京書籍 1年

◇ **読めた！書けた！**漢字って簡単でおもしろい！

◇ 漢字の特徴をとらえた**新しいアプローチ！**

◇ **教科書**の新出漢字が楽しく学習できる**ワークプリント集**

竹田契一 監修　村井敏宏・中尾和人 著

明治図書

はじめに

平成十九年から全国の小中学校で一斉に開始された特別支援教育。それは、子どもたち一人ひとりがどこでつまずいているのかをしっかり把握し、その子の学び方に応じて支援をしていくという新しい教育プログラムのスタートでした。中でも読み書きが苦手な子どもたちへどのように支援していくかが大きな課題でもありました。

しかし発達障害が背景にある読み書きが苦手な子どもの場合、単なるケアレスミス、うっかりミスで出来ないのではなく、聴く力では音韻認識の弱さ、見る力では視空間処理の弱さなど大脳機能が関係する中枢神経系の発育のアンバランスが原因であることが多いのが特徴です。この場合、「ゆっくり、繰り返し教える」という学校、家庭で使われている一般的な方法では、その効果に限界がみられます。

この〈漢字〉支援ワークは新しい教科書に合わせた内容になっており、しかも教室で教わる順番に漢字学習ができるようにセットされています。またこのワークは著者の村井敏宏、中尾和人両先生方のことばの教室での長年の経験を通して子どもたちの認知特性に合わせた貴重な指導プログラムの集大成となっています。左記のような「つまずき特性」を持った子どもに対してスモールステップで丁寧に教える〈漢字〉支援のワークシートとなっています。ぜひご活用ください。

1. 読みが苦手で、読みから漢字を思い出しにくい。
2. 形を捉える力が弱く、漢字の形をバランス良く書けない。
3. 「視機能、見る力」が弱く、漢字の細かな形が捉えられない。
4. 多動性・衝動性があるため、漢字をゆっくり丁寧に書くことが苦手。
5. 不注意のために、漢字を正確に覚えられず、形が少し違う漢字を書いてしまう。

漢字が苦手な子どもは、繰り返し書いて練習するだけでは覚えていけません。一人ひとりの特性に応じた練習方法があります。〈漢字〉支援ワークを使ってつまずきに応じた練習をすることにより、自分の弱点の「気づき」につながり、「やる気」を促します。

読み書きが苦手な子どもが最後に「やった、できた」という達成感を得ることが出来ることを願っています。

監修者　竹田契一

もくじ

答え

＊本書の構成は、東京書籍株式会社の教科書を参考にしています。
＊教材プリントは、自由にコピーして教室でお使いください。
＊学習者に応じて**Ａ４サイズに拡大**して使用することをおすすめします。

ワークシートの使い方

この本には、『通常の学級でやさしい学び支援3、4巻 読み書きが苦手な子どもへの〈漢字〉支援ワーク』に掲載されている4種類のワークについて、1年生の教科書で教わる80字の漢字すべてを収録しています。

1 ぴったりかんじ

絵を見て、文に合う「ぴったり」の漢字を書いていくワークです。
□に入る漢字の読みはルビが付けてありますが、文をしっかり読んで、意味に合う漢字が書けるように気を付けさせてください。

2 かんじ　たしざん

2～3個の部首やパーツを組み合わせてできる漢字を考えさせるワークです。

部首やパーツが横に並ぶ場合、縦に並ぶ場合、重なる場合がありますが、重なる場合がやや難しくなります。「田んぼの下に力で男」というように、部首の名前や位置を唱えながら書く練習をすると、形に注意を向けながら書くことができ、漢字が覚えやすくなります。

できる漢字がわかったら、その漢字を使った熟語やことばを考えて書かせます。

3 たりないのは　どこ（かたちを　よくみて）

部分的に消えている漢字の足りない部分を見つけて、正しく書いていくワークです。

線の数や細かい部分にも注意させてください。読みの苦手な子どもには、自分で書いたことばだけを見せて、読みの練習もさせるとよいでしょう。

子どもによっては知らない熟語やことばも含まれています。子どもに意味を説明させたり、どんな風に使われるかの例を示してあげることも語いを増やしていくことにつながります。

熟語やことばとして漢字を覚えていくことは、読解の力をつけるとともに、生活に活きることばの学習につながります。

4 かんじを　いれよう

文を読み、文脈から漢字を推測して書いていくワークです。

漢字の読み方は文章の流れで決まってきます。そのため、文章を読む力が漢字の読みの力につながってきます。

ワークの左端には、□に入る漢字をヒントとして載せています。はじめはヒントの部分を折って、見ないで書かせましょう。また、漢字が苦手な子にはヒントを見せて選んで書く練習をするなど、子どものつまずきに合わせて使い分けてください。

2 学期

1

がつ　にち

かぞえうた①

ぴったりかんじ　1

なまえ

ぴったりの　かんじを　かこう。

①

いぬが　□《いっ》ぴき。

②
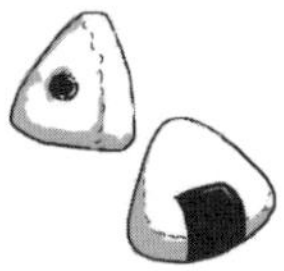

おにぎりが　□《に》こ。

③

□《さん》びきの　こぶた。

④

りんごが　□《よん》こ。

⑤

こどもが　□《ご》にん。

⑥
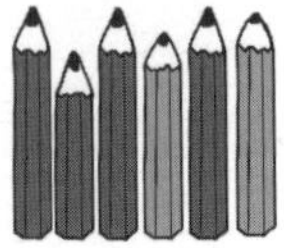

□《ろっ》ぽんの　えんぴつ。

東書1年①

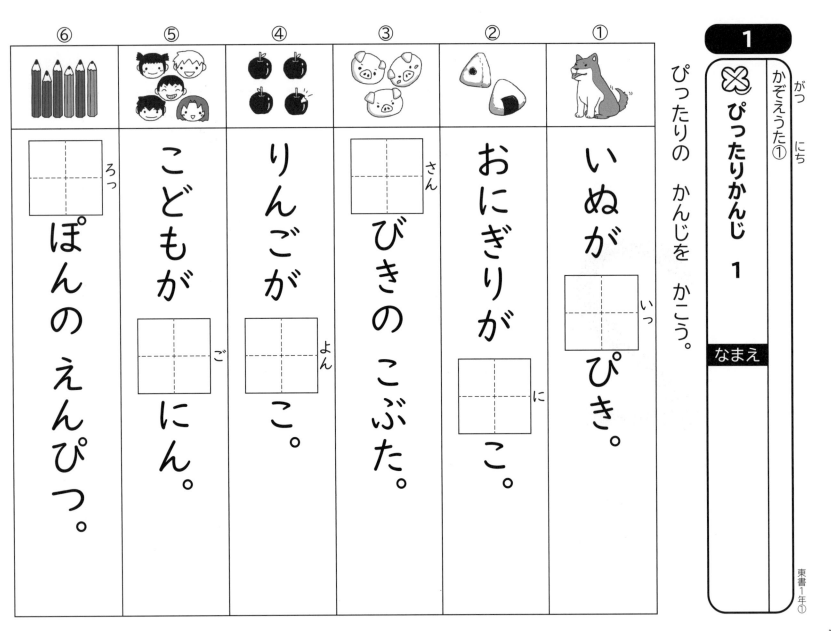

2

ぴったりかんじ 2

かぞえうた②／かんじの はなし①

がつ にち

なまえ

ぴったりの かんじを かこう。

①

□《なな》いろの にじ。

②

あしが □《はっ》ぽん。

③

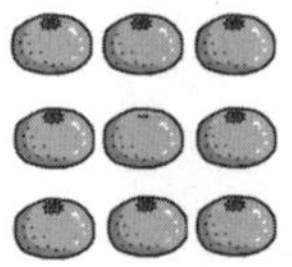

みかんが □《きゅう》こ。

④

□《じゅう》まで かぞえる。

⑤

□《やま》に のぼる。

⑥

□《き》の したで まつ。

東書1年①

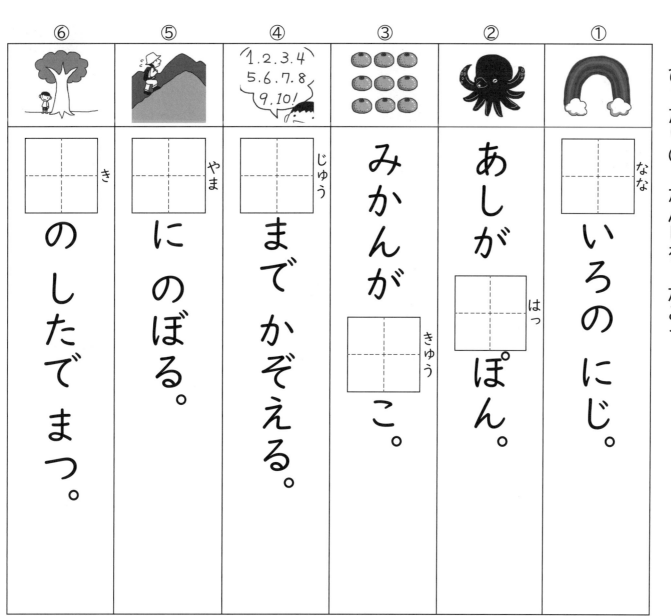

がつ　にち

3

ぴったりかんじ　3

かんじの　はなし②

なまえ

ぴったりの　かんじを　かこう。

①

□《かわ》で　さかなつり。

②

□《め》を　ぱちくりする。

③

お□《つき》さまを　みる。

④

つくえの　□《うえ》の　ほん。

⑤

木の　□《した》を　さがす。

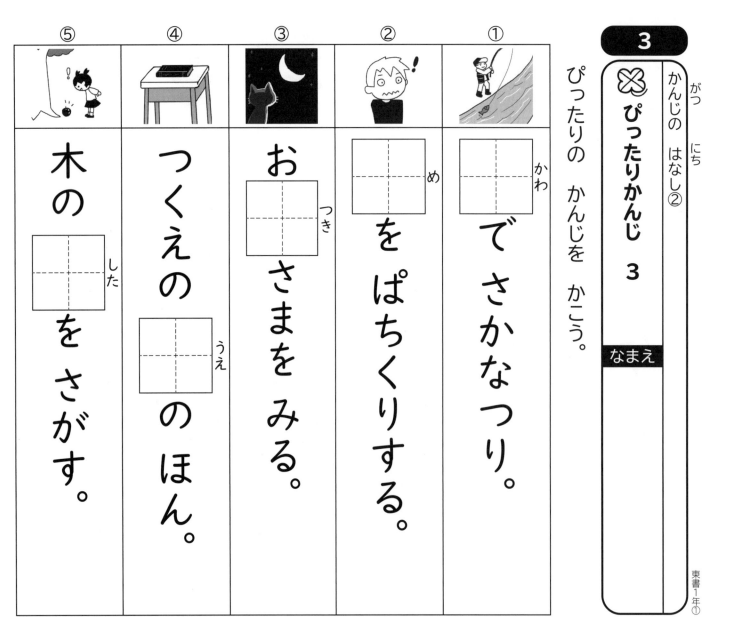

がつ　にち

サラダで　げんき①

ぴったりかんじ　4

なまえ

ぴったりの　かんじを　かこう。

①

まん□《なか》に　たつ。

②

ぞうは　□《おお》きい。

③

プールに　□《はい》る。

④

□《いぬ》の　さんぽ。

⑤

□《ちい》さい　おんなのこ。

⑥

□《しろ》い　とり。

東書1年①

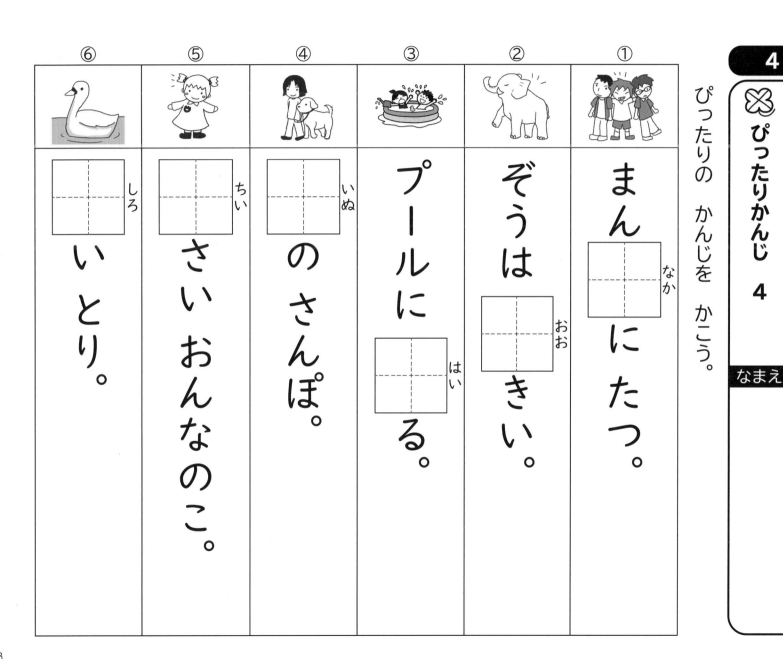

5

がつ　にち

サラダで　げんき②／なにに　みえるかな

ぴったりかんじ　5

なまえ

ぴったりの　かんじを　かこう。

①

そとに　□《で》る。

②

□《ちから》もちだぞ。

③

ほしを　□《み》る。

④

おとこの　□《せん》せい。

⑤

一ねん　□《せい》に　なる。

⑥

げん□《き》　いっぱい。

東書1年①

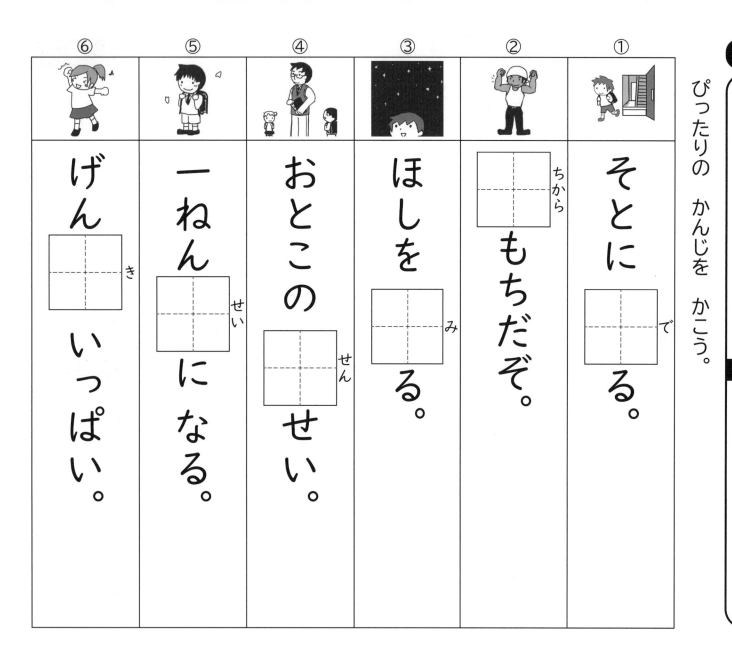

6

ぴったりかんじ 6

がつ　にち　ようびと　ひづけ

なまえ

ぴったりの　かんじを　かこう。

①

□《ひ》が　のぼる。

②

□《ひ》を　もやす。

③

□《みず》を　のむ。

④
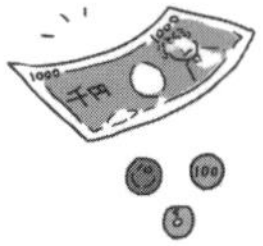

お□《かね》を　はらう。

⑤

□《つち》から　めを　出す。

東書1年①

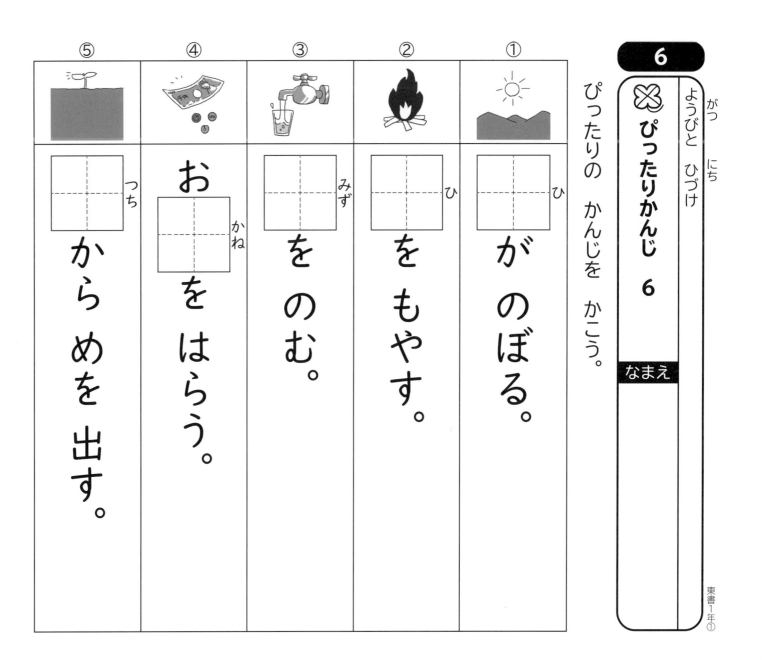

がつ　にち

はっけんしたよ／ひらがなを　つかおう　1

7

ぴったりかんじ　7

なまえ

ぴったりの　かんじを　かこう。

①
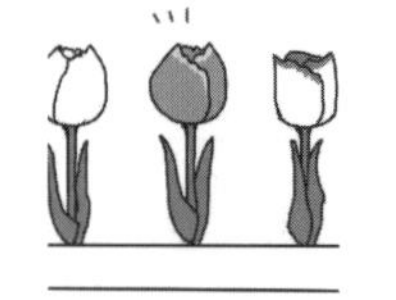

きれいな　□《はな》が　さく。

②
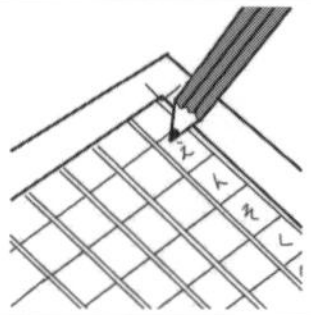

さく□《ぶん》を　かく。

③

□《おと》を　ならす。

④

□《まち》を　あるく。

⑤

ふでで　□《じ》を　かく。

東書1年①

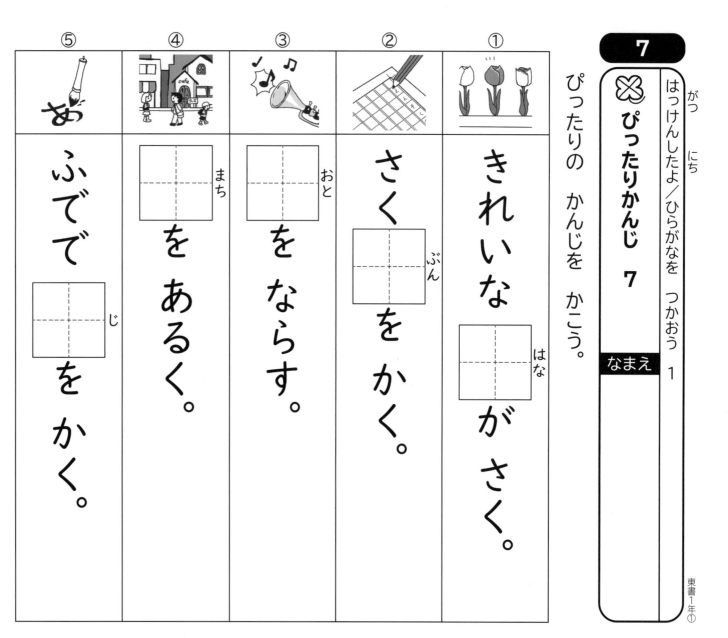

8

ぴったりかんじ 8

なまえ

がつ　にち

いろいろな　ふね～すきな　きょうかを　はなそう

ぴったりの　かんじを　かこう。

①

おとこの　□《ひと》。

②

木の　下で　□《やす》む。

③

じどう□《しゃ》が　はしる。

④

すきな　□《ほん》を　よむ。

⑤
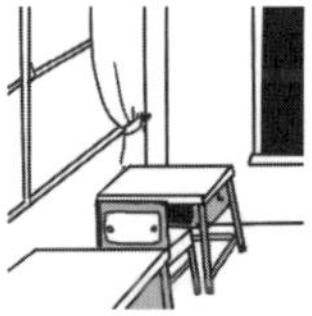

□《がっ》こうの　つくえ。

⑥

□《こう》ちょう先生

東書1年①

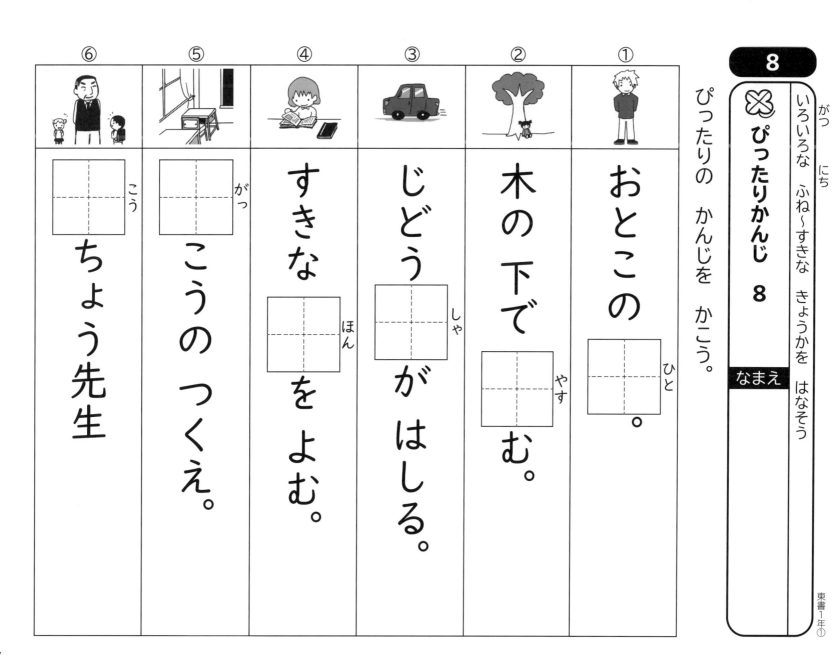

ぴったりかんじ 9

なまえ

がつ　にち

おとうとねずみ　チロ①

ぴったりの　かんじを　かこう。

①
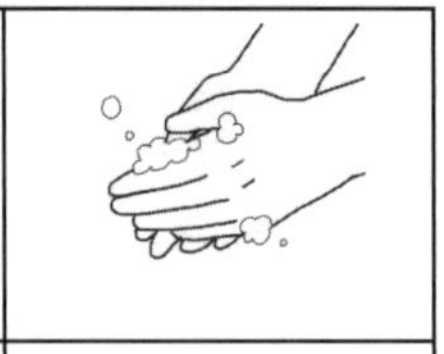

□《て》を　あらう。

②

□《あか》ちゃんを　だっこ。

③

□《あお》い　うみ。

④

□《な》ふだを　つける。

⑤

ろうそくを　□《た》てる。

⑥

□《くち》を　あける。

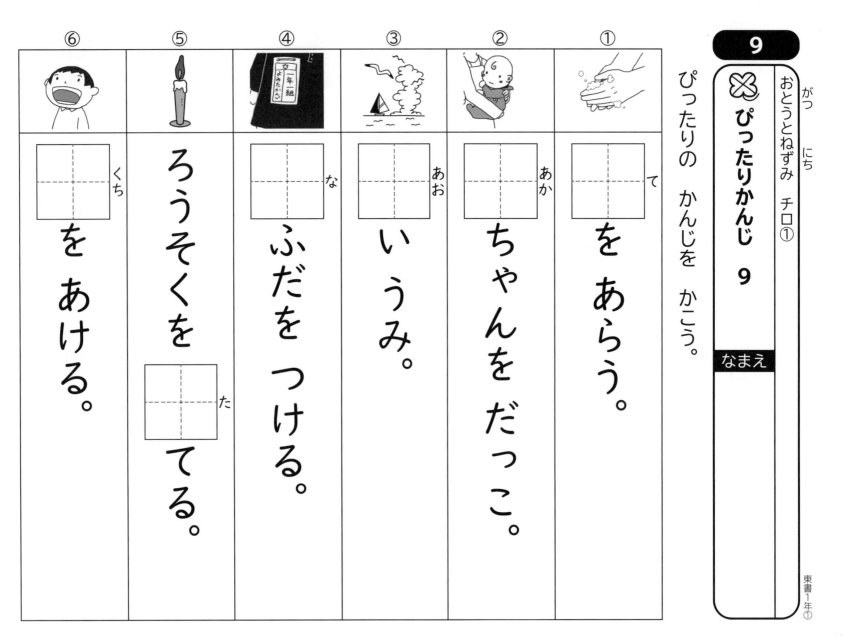

10

ぴったりかんじ 10

おとうとねずみ チロ②～すきな おはなしは なにかな

がつ　にち

なまえ

ぴったりの かんじを かこう。

① 
□《みみ》を すます。

② 
かわいい □《おんな》のこ。

③ 
□《こ》ねこが うまれる。

④ 
げん気な □《おとこ》のこ。

⑤ 
ぼくは 一□《ねん》生。

東書1年①

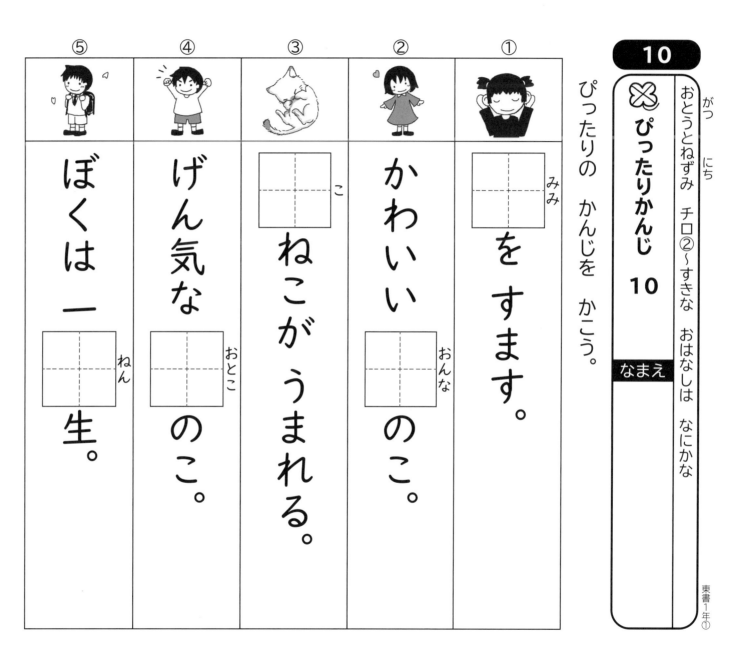

がつ　にち

11

かぞえうた①

十かんじ　たしざん　1

なまえ

かんじの　たしざんを　しよう。

＊こたえの　かんじで　ことばを　つくろう。

① 一 ＝ □ ↓ ↓ ↓ ↓ □

② 一 ＋ 一 ＝ □ ↓ ↓ ↓ □

③ 一 ＋ 二 ＝ □ ↓ ↓ ↓ □

④ 冂 ＋ 儿 ＋ 一 ＝ □ ↓ □

⑤ 一 ＋ 力 ＋ 一 ＝ □ ↓ □

⑥ 丄 ＋ 八 ＝ □ ↓ ↓ ↓ □

東書1年②

12

＋かんじ　たしざん　2

かぞえうた②／かんじの　はなし①

がつ　にち

なまえ

かんじの　たしざんを　しよう。

＊こたえの　かんじで　ことばを　つくろう。

① 一 ＋ し ＝

② ノ ＋ ㇏ ＝

③ ノ ＋ 乙 ＝

④ 一 ＋ 丨 ＝

⑤ 丨 ＋ 凵 ＝

⑥ 十 ＋ 八 ＝

東書1年②

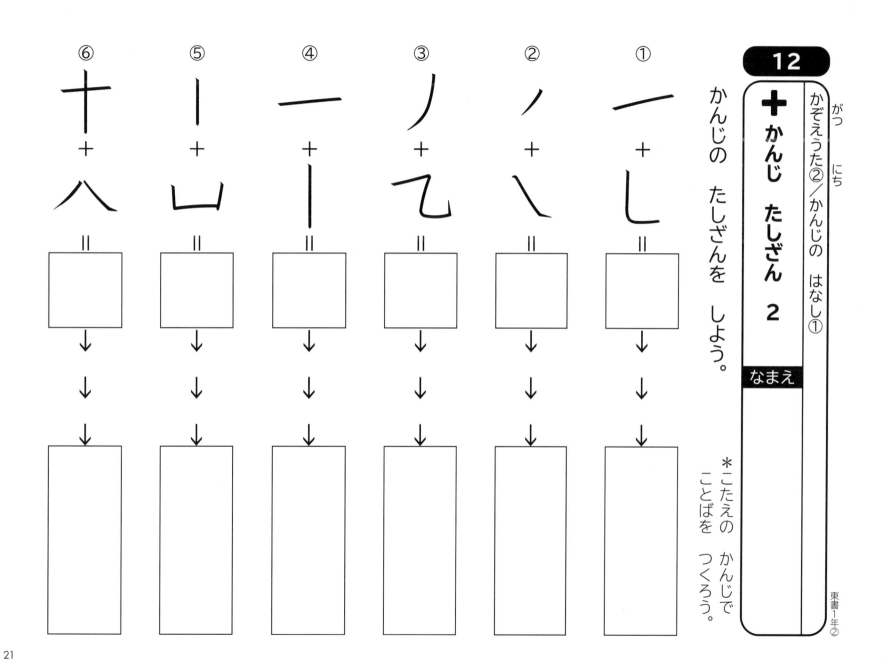

がつ　にち

かんじの　はなし②

13 ＋かんじ　たしざん　3

なまえ

かんじの　たしざんを　しよう。

＊こたえの　かんじで
ことばを　つくろう。

① ノ＋｜＋｜＝

② 冂＋三＝

③ 几＋二＝

④ ト＋一＝

⑤ 一＋卜＝

東書1年②

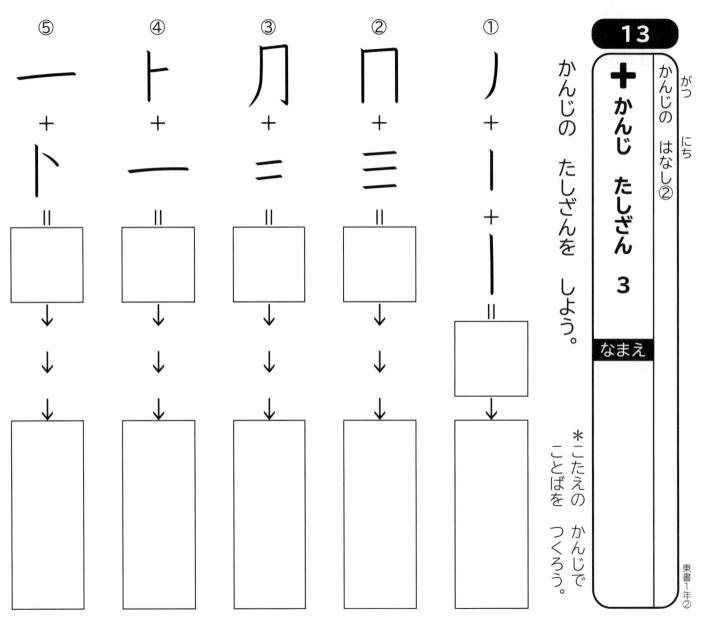

がつ　にち

サラダで　げんき①

14 ＋かんじ　たしざん　4

なまえ

かんじの　たしざんを　しよう。

＊こたえの　かんじで　ことばを　つくろう。

① 口＋丨＝□↓↓↓□

② 一＋人＝□↓↓↓□

③ ノ＋㇏＝□↓↓↓□

④ 大＋丶＝□↓↓↓□

⑤ 亅＋八＝□↓↓↓□

⑥ ノ＋日＝□↓↓↓□

東書1年②

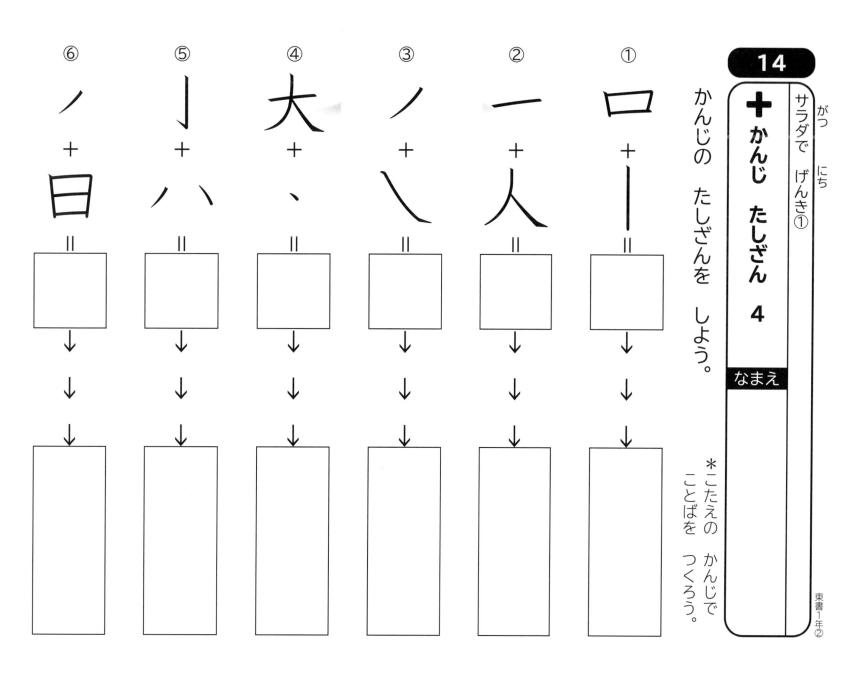

15

＋かんじ　たしざん　5

なまえ

かんじの　たしざんを　しよう。

＊こたえの　かんじで　ことばを　つくろう。

① 丨 ＋ 凵 ＋ 凵 ＝ □ ↓ □

② ㇇ ＋ ノ ＝ □ ↓ ↓ ↓ □

③ 目 ＋ 儿 ＝ □ ↓ ↓ ↓ □

④ ノ ＋ 土 ＋ 儿 ＝ □ ↓ □

⑤ 𠂉 ＋ 丨 ＋ 二 ＝ □ ↓ □

⑥ ⺈ ＋ ㇈ ＋ メ ＝ □ ↓ □

16

がつ　にち

ようびと　ひづけ

✚かんじ　たしざん　6

なまえ

かんじの　たしざんを　しよう。

＊こたえの　かんじで　ことばを　つくろう。

①　冂 ＋ 一 ＋ 一 ＝ □ → □

②　丷 ＋ 人 ＝ □ ↓ ↓ ↓ □

③　亅 ＋ フ ＋ く ＝ □ → □

④　𠆢 ＋ 干 ＋ 䒑 ＝ □ → □

⑤　十 ＋ 一 ＝ □ ↓ ↓ ↓ □

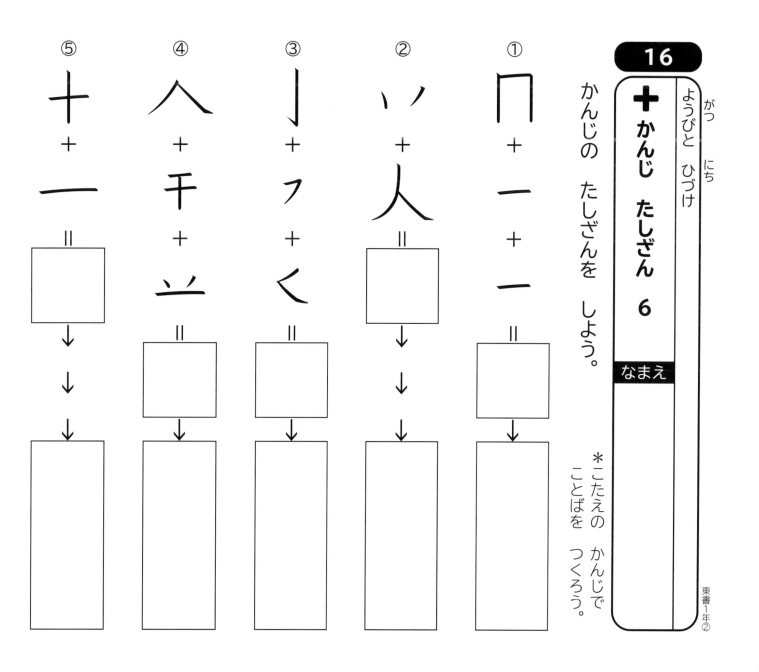

17

＋かんじ　たしざん　7

はっけんしたよ／ひらがなを　つかおう　1

がつ　にち

なまえ

かんじの　たしざん　を　しよう。

＊こたえの　かんじで　ことばを　つくろう。

① 艹 ＋ 亻 ＋ 匕 ＝ □ → □

② 亠 ＋ 乂 ＝ □ → → → □

③ 立 ＋ 日 ＝ □ → → → □

④ 田 ＋ 丁 ＝ □ → → → □

⑤ 宀 ＋ 子 ＝ □ → → → □

東書1年②

18

十かんじ　たしざん　8

がつ　にち

いろいろな　ふね～すきな　きょうかを　はなそう

なまえ

かんじの　たしざんを　しよう。

＊こたえの　かんじで　ことばを　つくろう。

①　ノ　＋　㇏　＝　□　↓　↓　↓　□

②　亻　＋　木　＝　□　↓　↓　↓　□

③　亘　＋　一　＋　丨　＝　□　↓　□

④　十　＋　八　＋　一　＝　□　↓　□

⑤　⺍　＋　冖　＋　子　＝　□　↓　□

⑥　木　＋　亠　＋　父　＝　□　↓　□

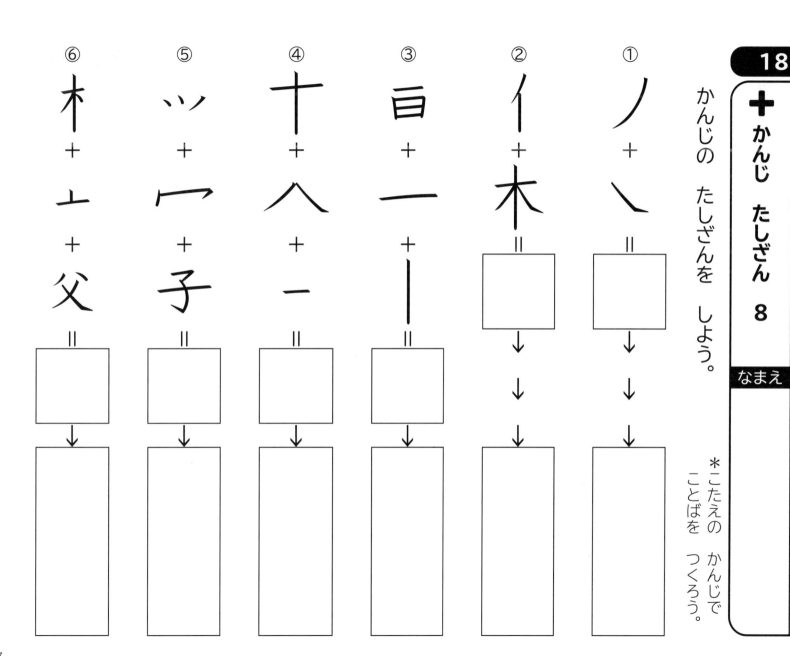

がつ　にち

＋かんじ　たしざん　9

おとうとねずみ　チロ①

なまえ

かんじの　たしざんを　しよう。

① ノ ＋ 二 ＋ 亅 ＝ □ ↓ □

② 土 ＋ 川 ＋ 八 ＝ □ ↓ □

③ 龶 ＋ 月 ＝ □ ↓ ↓ ↓ □

④ 夕 ＋ 口 ＝ □ ↓ ↓ ↓ □

⑤ 亠 ＋ 丷 ＋ 一 ＝ □ ↓ □

⑥ 冂 ＋ 一 ＝ □ ↓ ↓ ↓ □

＊こたえの　かんじで　ことばを　つくろう。

東書1年②

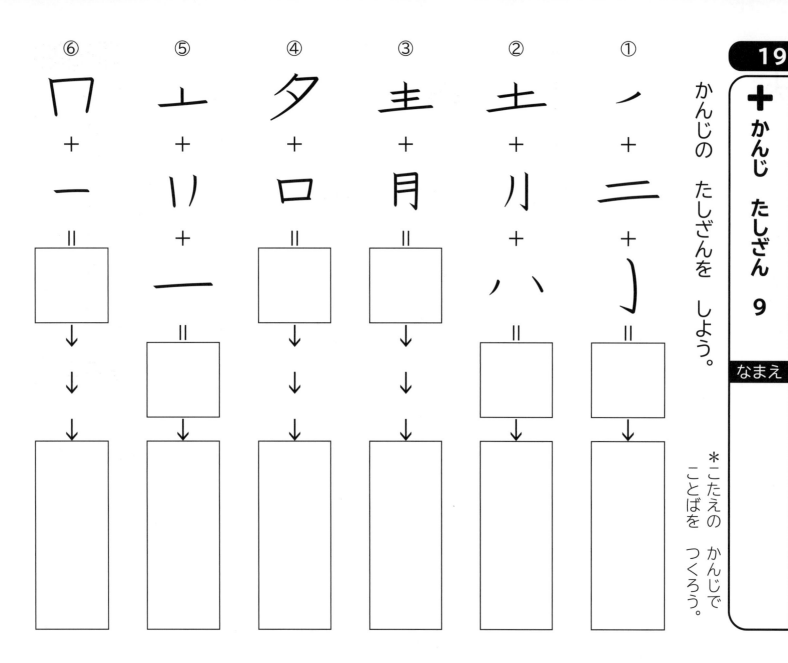

がつ　にち

おとうとねずみ　チロ②〜すきな　おはなしは　なにかな

20

＋かんじ　たしざん　10

なまえ

かんじの　たしざんを　しよう。

＊こたえの　かんじで
ことばを　つくろう。

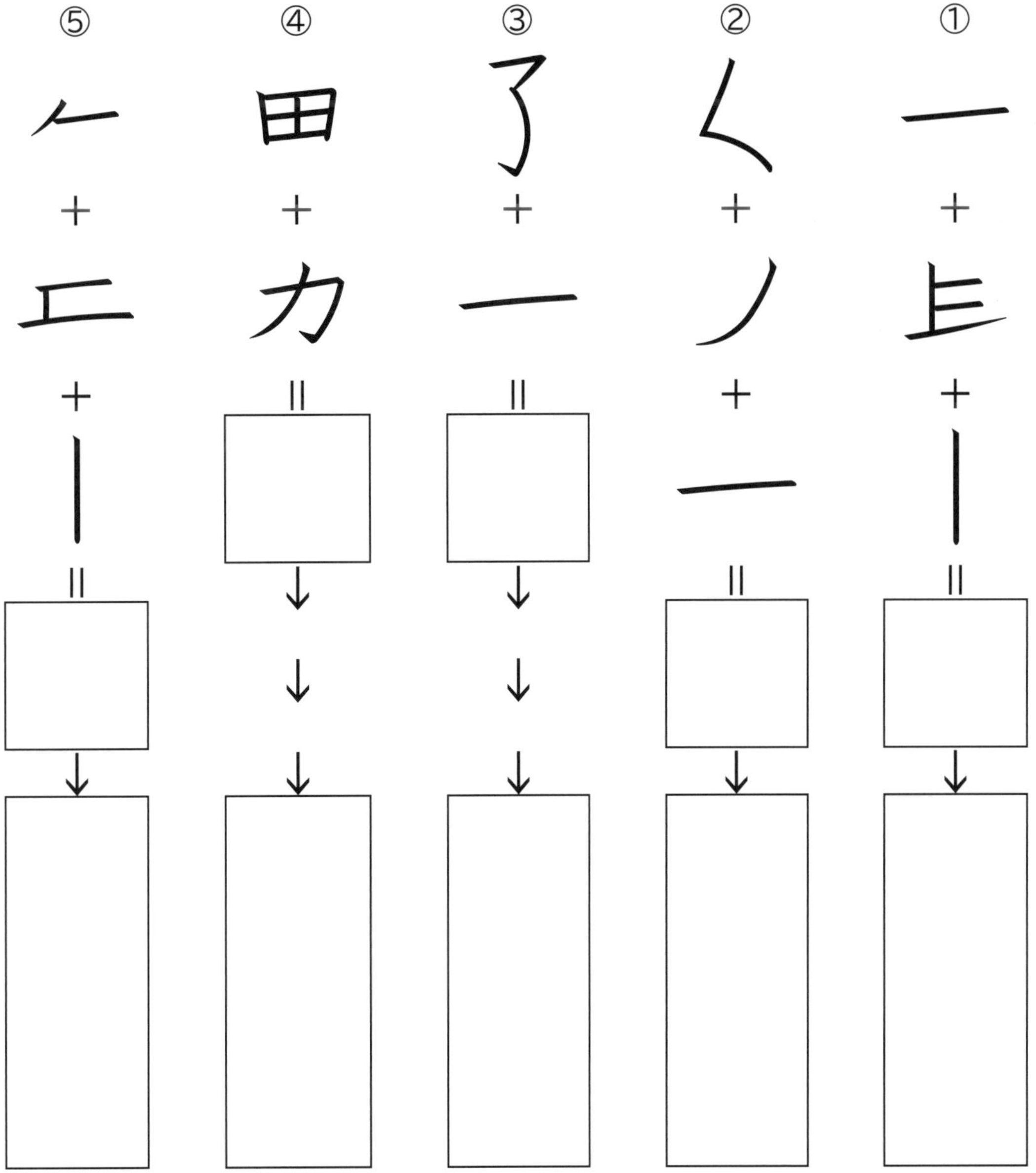

東書1年②

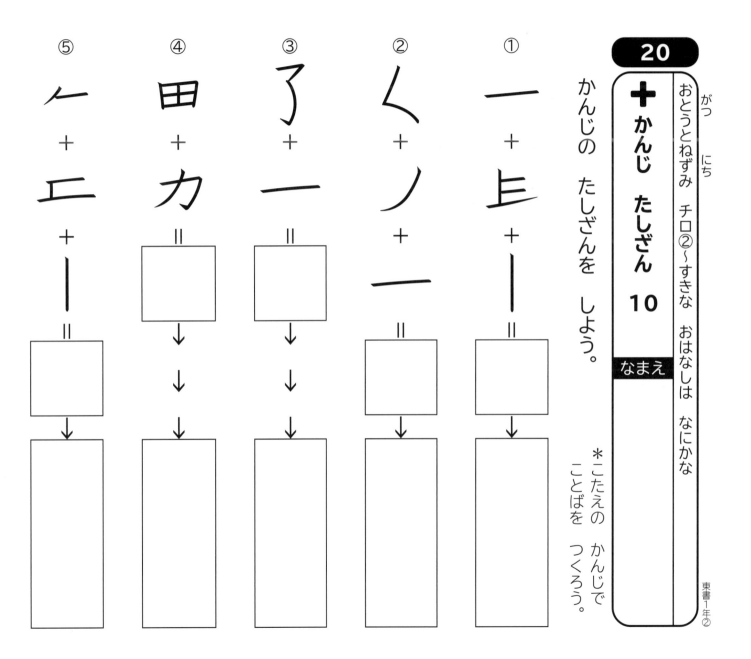

がつ　にち

かぞえうた①

21

たりないのは　どこ（かたちを　よくみて）1

なまえ

たりない　ところを　みつけて、ただしく　かこう。

① 一《ひと》つ

② 一《に》さい

③ 二《さん》にん

④ 口《し》かく

⑤ 五《ご》がつ

⑥ 六《ろっ》こ

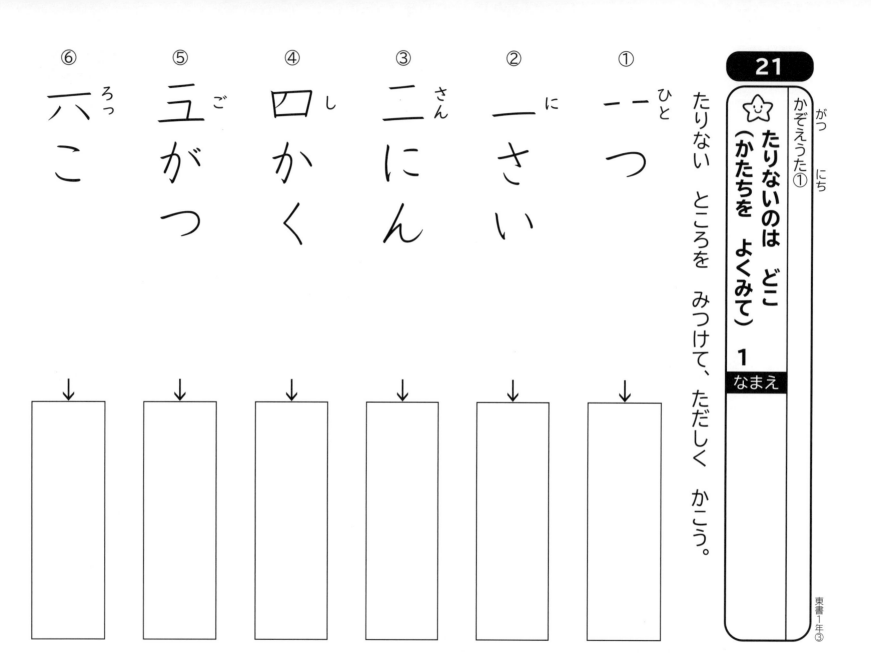

がつ　にち

かぞえうた②／かんじの　はなし①

たりないのは　どこ（かたちを　よくみて）2

なまえ

たりない　ところを　みつけて、ただしく　かこう。

① 一《しち》ユ《ご》二《さん》

② ＼《はち》まい

③ 乙《く》じ

④ ｜《じゅう》えん

⑤ 凵《やま》のぼり

⑥ 才《き》のぼり

東書1年③

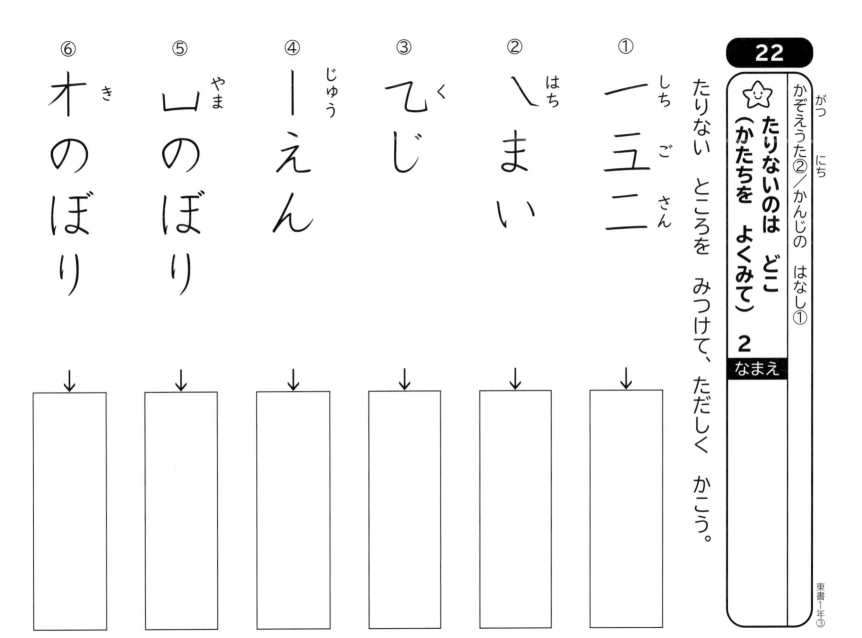

がつ　にち

23

かんじの　はなし②

☆たりないのは　どこ（かたちを　よくみて）3

なまえ

たりない　ところを　みつけて、ただしく　かこう。

①　川《かわ》あそび　↓ □

②　口《め》ぐすり　↓ □

③　お冂《つき》さま　↓ □

④　才《き》の　上《うえ》　↓ □

⑤　丁《した》じき　↓ □

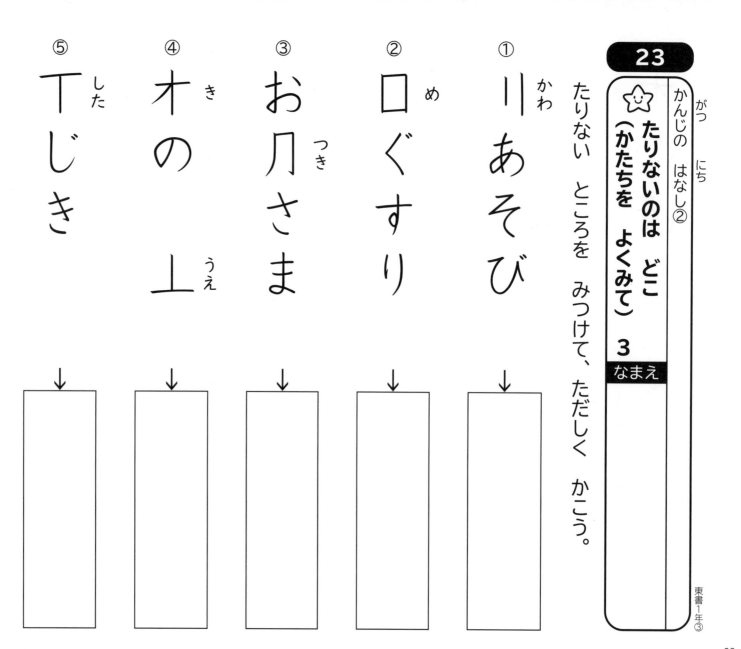

がつ　　にち

サラダで　げんき①

24

たりないのは　どこ（かたちを　よくみて）4

なまえ

たりない　ところを　みつけて、ただしく　かこう。

① まん口《なか》
↓

② 人《おお》きい
↓

③ へ《はい》る
↓

④ 大《いぬ》ごや
↓

⑤ ハ《ちい》さい
↓

⑥ 日《しろ》ぐみ
↓

がつ　にち

サラダで　げんき②／なにに　みえるかな

25

たりないのは　どこ（かたちを　よくみて）5

なまえ

たりない　ところを　みつけて、ただしく　かこう。

① 出《で》ぐち

② 刀《ちから》もち

③ 見《み》る

④ 先《せん》主《せい》

⑤ 一《いち》ねん主《せい》

⑥ 気《き》もち

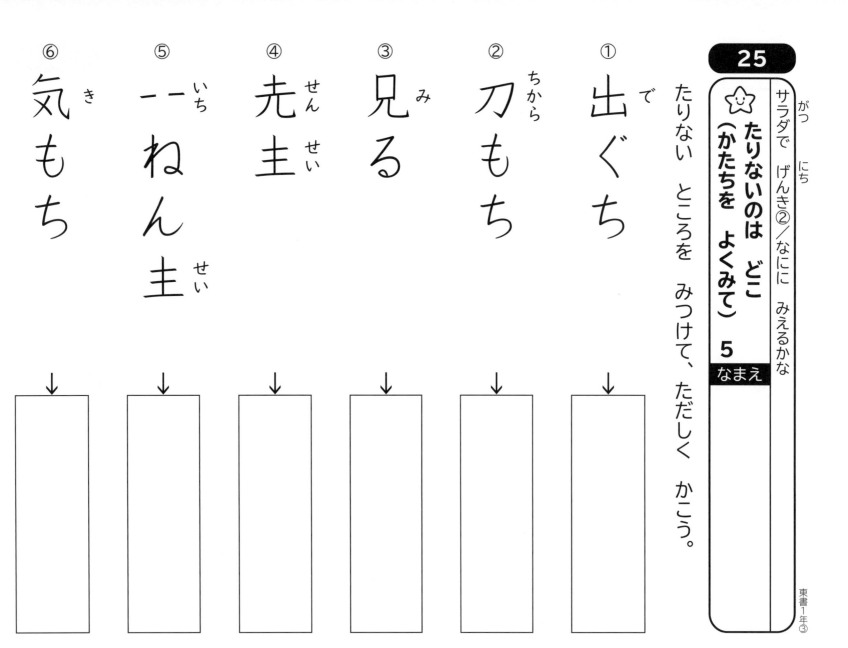

がつ　にち　ようびと　ひづけ

26

☆たりないのは　どこ（かたちを　よくみて）6

なまえ

たりない　ところを　みつけて、ただしく　かこう。

① お口《ひ》さま
↓

② 人《か》よう口《び》
↓

③ 水《みず》あそび
↓

④ お全《かね》
↓

⑤ 十《ど》よう口《び》
↓

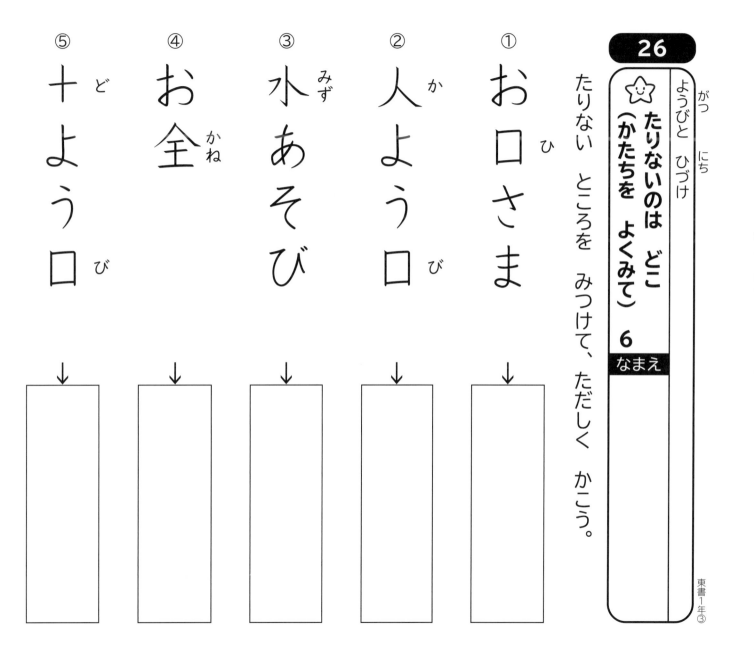

がつ　にち

27

はっけんしたよ／ひらがなを　つかおう　1

☆たりないのは　どこ（かたちを　よくみて）7

なまえ

たりない　ところを　みつけて、ただしく　かこう。

① 花《はな》びら

② 文《ぶん》しょう

③ あし音《おと》

④ 町《まち》かど

⑤ かん字《じ》

がつ　にち

いろいろな　ふね～すきな　きょうかを　はなそう

28

☆ **たりないのは　どこ（かたちを　よくみて）8**

なまえ

たりない　ところを　みつけて、ただしく　かこう。

① ノ《ひと》さしゆび
↓

② なつ什《やす》み
↓

③ でん車《しゃ》
↓

④ 木《ほん》だな
↓

⑤ 字《がく》しゅう
↓

⑥ 校《こう》もん
↓

東書1年③

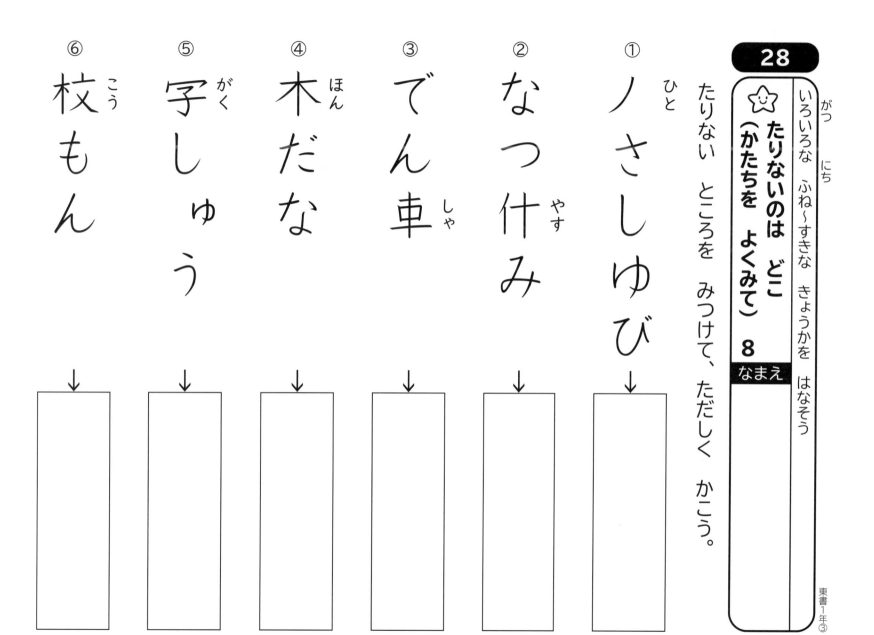

がつ　にち

おとうとねずみ　チロ①

たりないのは　どこ（かたちを　よくみて）9

なまえ

たりない　ところを　みつけて、ただしく　かこう。

① 手《て》ぶくろ

② 赤《あか》ちゃん

③ 青《あお》い

④ 名《な》ふだ

⑤ 立《た》てる

⑥ 口《くち》ぶえ

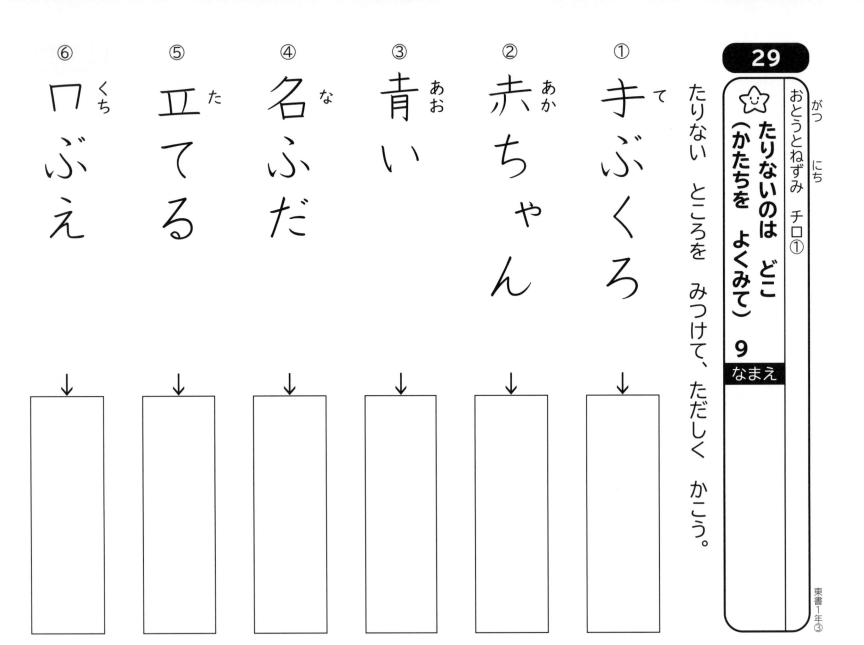

おとうとねずみ　チロ②～すきな　おはなしは　なにかな

30

たりないのは　どこ（かたちを　よくみて）

10

なまえ

たりない　ところを　みつけて、ただしく　かこう。

① 耳《みみ》かき

② 女《おんな》の子《こ》

③ 子《こ》ども

④ 男《おとこ》の子《こ》

⑤ らい年《ねん》

がつ　にち

かぞえうた①

かんじを　いれよう　1

なまえ

ぶんを　よんで、ぴったりの　かんじを　いれよう。

① おかしが、□かくい　はこに　はいっている。

② おとうとが、□りんしゃに　のっている。

③ 四と　□を　あわせると、十に　なる。

④ てと　あしには、□ほんの　ゆびが　ある。

⑤ ほうちょうで、ケーキを□つに　きる。

⑥ せかいに、ただ□つだけの　たからものだ。

ヒント
一　二　三　四　五　六

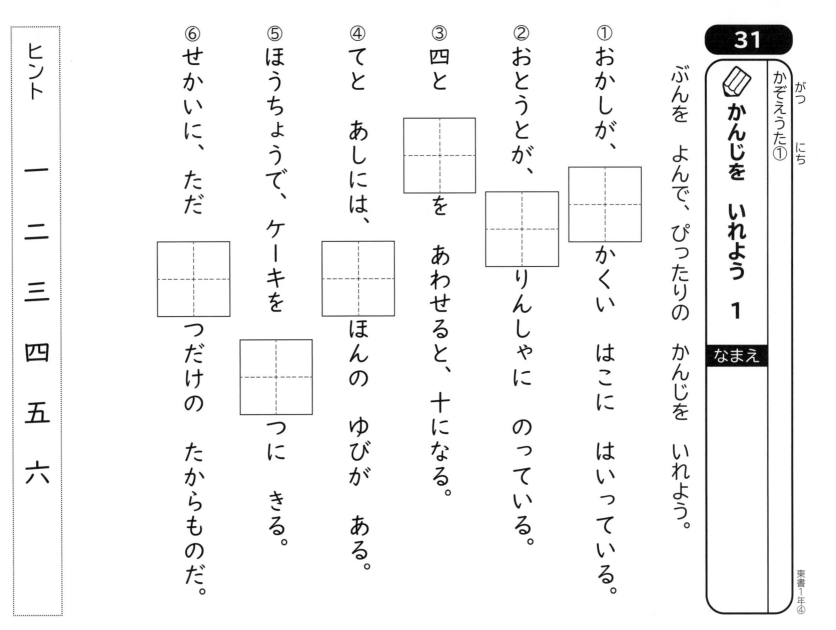

がつ　にち

32

かんじを　いれよう　2

かぞえうた②／かんじの　はなし①

なまえ

ぶんを　よんで、ぴったりの　かんじを　いれよう。

①五えんだまが　二まいで、□えんに　なる。

②たかい□の　うえに、ゆきが　つもって　いる。

③十から　一を　ひくと、□に　なる。

④あめあがりに、□いろの　にじが　かかる。

⑤さるは、□のぼりが　とくいだ。

⑥たこの　あしは、□ぽん　ある。

ヒント　七　八　九　十　山　木

東書1年④

がつ　にち

かんじの　はなし②

33

かんじを　いれよう　3

なまえ

ぶんを　よんで、ぴったりの　かんじを　いれよう。

①はしの　したに　□が　ながれている。

②きょうは、あさ　六じに　□が　さめた。

③こんやは、まんまるな　お□さまが　でた。

④つくえの　□に、りんごが　のっている。

⑤つくえの　□に、えんぴつを　おとした。

ヒント

上　目　下　月　川

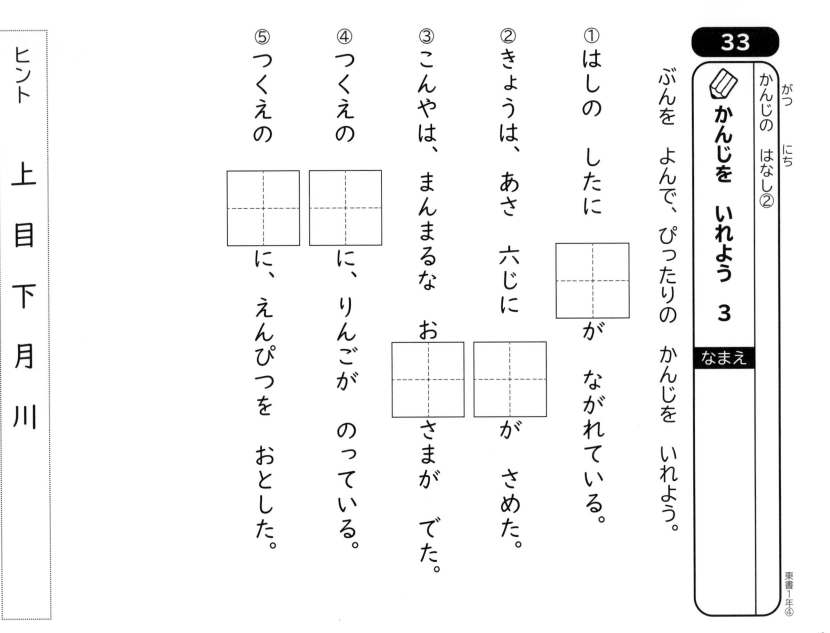

34

かんじを いれよう 4

サラダで げんき①

がつ にち

なまえ

ぶんを よんで、ぴったりの かんじを いれよう。

①ふくろの □ には、なにが あるでしょう。

②アフリカぞうの みみは とても □ きい。

③きょうの 二じかん目は、プールに □ る。

④こうえんまで、□ を さんぽに つれていく。

⑤むしめがねで、□ さな ありを みる。

⑥いちめんに、□ い ゆきが つもりました。

ヒント
入 白 大 犬 小 中

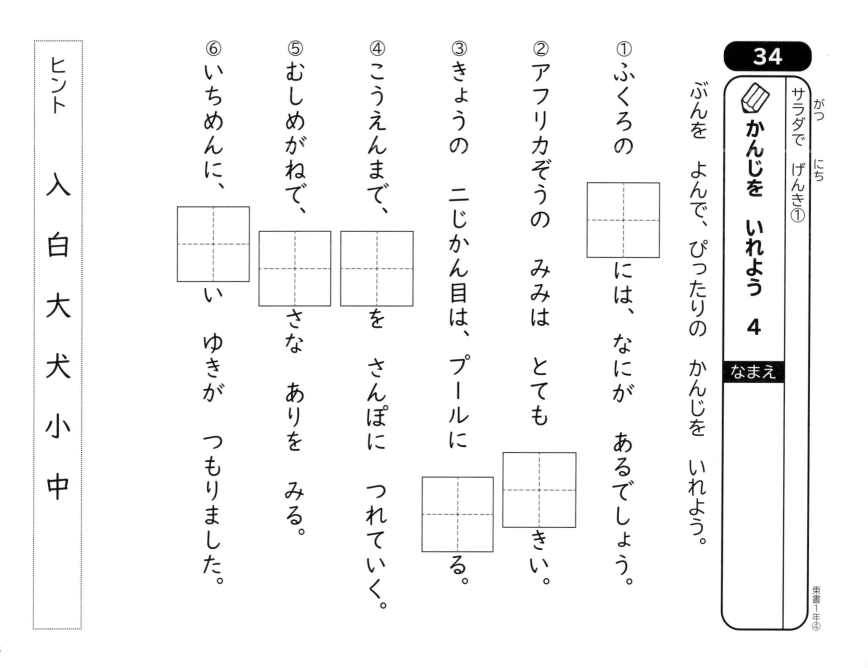

がつ　にち

サラダで　げんき②／なにに　みえるかな

東書1年④

35

かんじを　いれよう　5

なまえ

ぶんを　よんで、ぴったりの　かんじを　いれよう。

①ランドセルから　ノートを　とり□す。

②おとうさんは、とても　□もちです。

③おてほんを、よく　□て　かきましょう。

④かんじの　しゅくだいを、□せいに　みせる。

⑤一ねん□が、えんそくに　いく。

⑥かたちに　□を　つけて　かきましょう。

ヒント　出　生　力　気　見　先

36

がつ にち

ようびと ひづけ

かんじを いれよう 6

なまえ

東書1年④

ぶんを よんで、ぴったりの かんじを いれよう。

① きょうは くもりで、お□さまが 見えない。

② みずを かけて、たきびの □を けした。

③ あめが ふって、□たまりが できた。

④ ほんを かって、お□を はらいました。

⑤ あさがおの たねを、□に うめました。

ヒント

水 金 日 土 火

がつ　にち

37 かんじを　いれよう　7

はっけんしたよ／ひらがなを　つかおう　1

なまえ

ぶんを　よんで、ぴったりの　かんじを　いれよう。

①かぜが　ふいて、さくらの　□びらが　ちる。

②えんそくの　ことを、さく□に　かく。

③とおくで、はな火の　□が　きこえました。

④むこうの　□かどに、ポストが　たっている。

⑤ならった　かん□を　れんしゅうする。

ヒント

町　花　文　字　音

いろいろな　ふね～すきな　きょうかを　はなそう

38 かんじを　いれよう　8

なまえ

ぶんを　よんで、ぴったりの　かんじを　いれよう。

①バスは、たくさんの　□　を　のせて　はしる。

②なつ□みに、うみで　およぎました。

③おとうさんは、でん□で　かいしゃに　いく。

④としょかんで、□を　二さつ　かりました。

⑤まいあさ、八じに　□こうに　つく。

⑥クラスに、あたらしい　てん□生が　きた。

ヒント

車　学　校　本　休　人

39

がつ　にち

おとうとねずみ　チロ①

かんじを　いれよう　9

なまえ

ぶんを　よんで、ぴったりの　かんじを　いれよう。

①みんなで　□を　つないで、まるく　なる。

②車が、□しんごうで　とまった。

③よい　てんきで、□い　そらが　ひろがる。

④学校に　いるときは、□ふだを　つける。

⑤ケーキに　ろうそくを、七本　□てる。

⑥大きな　□を　あけて、うたいましょう。

ヒント
口　手　立　名　青　赤

東書1年④

おとうとねずみ　チロ②～すきな　おはなしは　なにかな

40

かんじを　いれよう　10

なまえ

ぶんを　よんで、ぴったりの　かんじを　いれよう。

①もの音が　したので、□を　すました。

②赤い　スカートを　はいた　□のこ。

③こうえんで、□どもたちが　あそんでいる。

④おとうさんと　ぼくは、□どうし。

⑤らい□は、二ねん生に　なります。

ヒント
子　年　女　男　耳

3学期

がつ　にち

おはなしを　かこう〜かん字を　つかおう　3①

41

ぴったりかんじ　11

なまえ

ぴったりの　かんじを　かこう。

①

山あいの　□《むら》。

②

あさ　□《はや》く　おきる。

③

みぎ　□《あし》を　あげる。

④

□《みぎ》手を　あげる。

⑤

□《ひだり》ききの　子ども。

⑥

□《た》うえを　する。

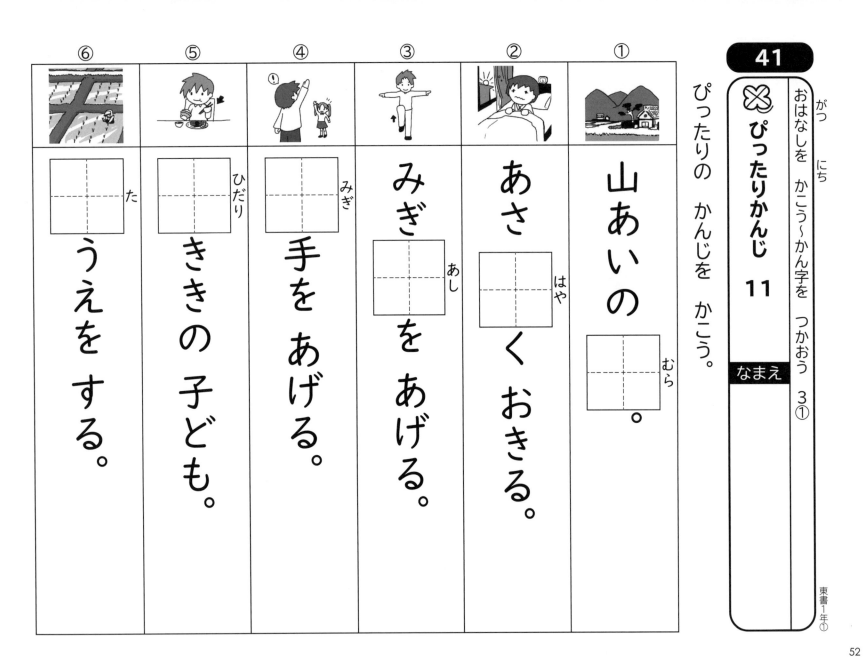

42

かん字を つかおう 3②／スイミー

がつ　にち

ぴったりかんじ 12

なまえ

ぴったりの かんじを かこう。

①

□《せん》えんさつ

②

□《ひゃく》てんを とった。

③

ひゃく□《えん》だま

④

□《かい》がらを 見つけた。

⑤

け□《いと》の セーター。

⑥

□《はやし》で かくれんぼ。

東書1年①

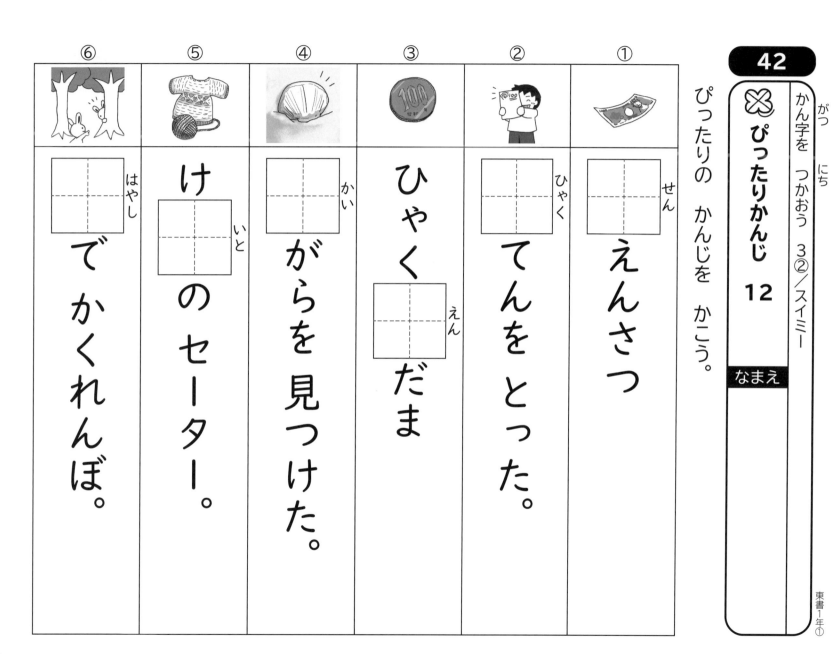

ぴったりかんじ 13

なまえ

かたちの にて いる かん字／一年かんの おもいでブック

がつ　にち

ぴったりの かんじを かこう。

①
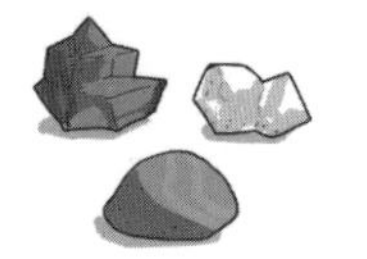

□《いし》ころを ならべる。

②
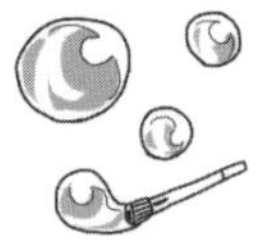

しゃぼん□《だま》 とんだ。

③

りっぱな □《おう》さま。

④
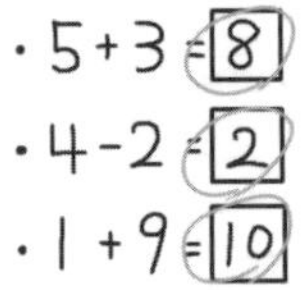

□《ただ》しい こたえ。

⑤

□《あめ》が ふる。

⑥
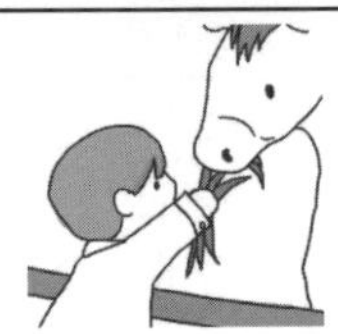

うまに □《くさ》を やる。

東書1年①

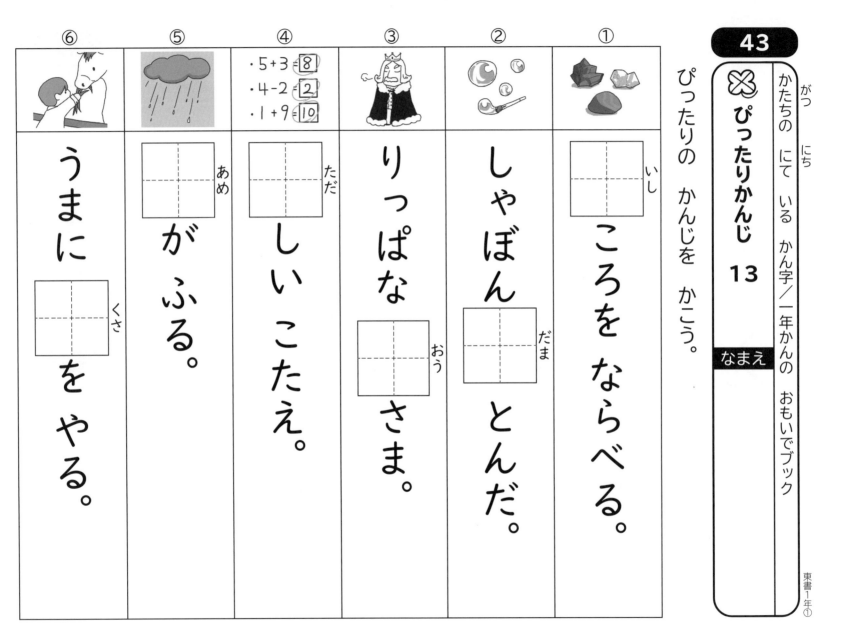

ぴったりかんじ 14

かん字を つかおう 4

がつ　にち

なまえ

ぴったりの かんじを かこう。

①

□《もり》でまよう。

②

□《てん》しの はね。

③
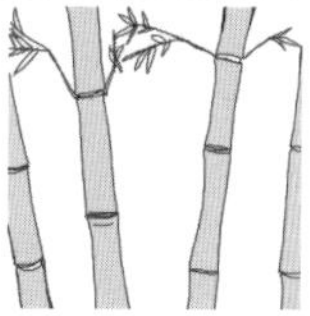

□《たけ》やぶの 中。

④

□《むし》とりに いく。

⑤

うつくしい □《ゆう》やけ。

⑥

青い □《そら》。

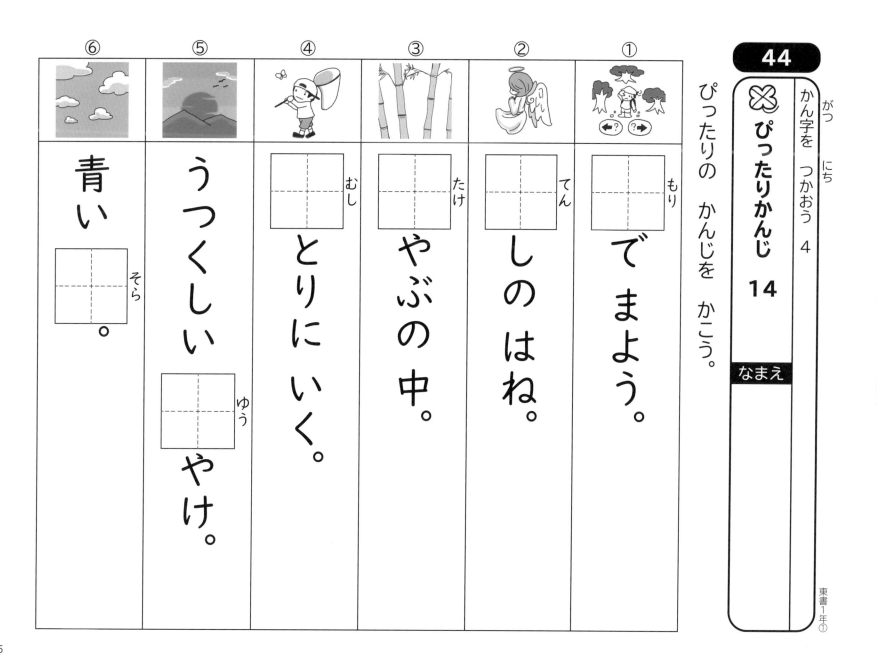

がつ　にち

おはなしを　かこう～かん字を　つかおう　3①

＋かんじ　たしざん　11

なまえ

東書1年②

かんじの　たしざんを　しよう。

＊こたえの　かんじで　ことばを　つくろう。

① 木 ＋ 寸 ＝ □ ↓ ↓ ↓ □

② 日 ＋ 十 ＝ □ ↓ ↓ ↓ □

③ ロ ＋ ト ＋ 人 ＝ □ ↓ □

④ ナ ＋ ロ ＝ □ ↓ ↓ ↓ □

⑤ ナ ＋ エ ＝ □ ↓ ↓ ↓ □

⑥ 冂 ＋ 十 ＋ 一 ＝ □ ↓ □

46

月《がつ》　日《にち》

かん字を　つかおう　3②／スイミー

＋かんじ　たしざん　12

なまえ

かんじの　たしざん　を　しよう。

＊こたえの　かんじで
ことばを　つくろう。

① ノ ＋ 十 ＝ □ → → → □

② 一 ＋ 白 ＝ □ → → → □

③ 冂 ＋ 上 ＝ □ → → → □

④ 目 ＋ 八 ＝ □ → → → □

⑤ 幺 ＋ 小 ＝ □ → → → □

⑥ 木 ＋ 木 ＝ □ → → → □

東書1年②

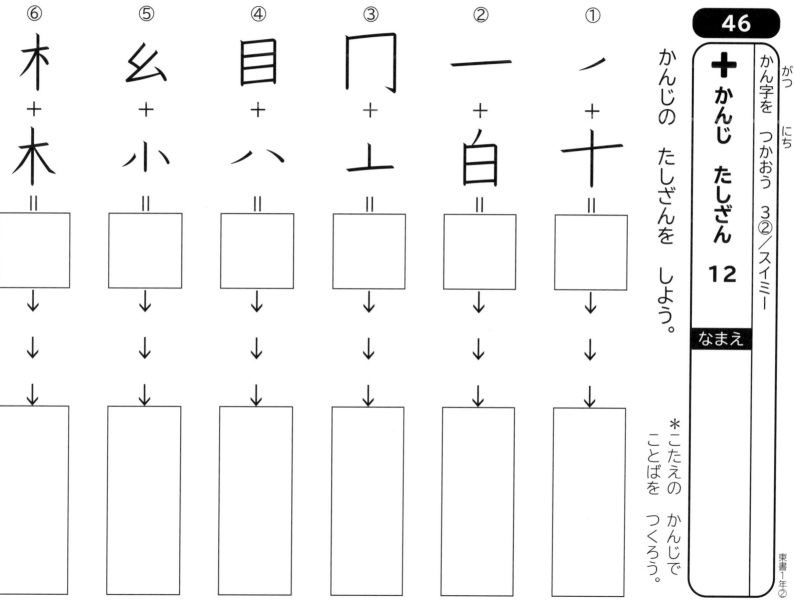

がつ　にち

かたちの　にて　いる　かん字／一年かんの　おもいでブック

47

＋かんじ　たしざん　13

なまえ

東書1年②

かんじの　たしざんを　しよう。

＊こたえの　かんじで　ことばを　つくろう。

① 厂 ＋ 口 ＝ □ ↓ ↓ ↓ □

② 王 ＋ 、 ＝ □ ↓ ↓ ↓ □

③ 丅 ＋ 二 ＝ □ ↓ ↓ ↓ □

④ 一 ＋ 卜 ＋ 乚 ＝ □ ↓ □

⑤ 一 ＋ 巾 ＋ ⺀⺀ ＝ □ ↓ □

⑥ 艹 ＋ 日 ＋ 十 ＝ □ ↓ □

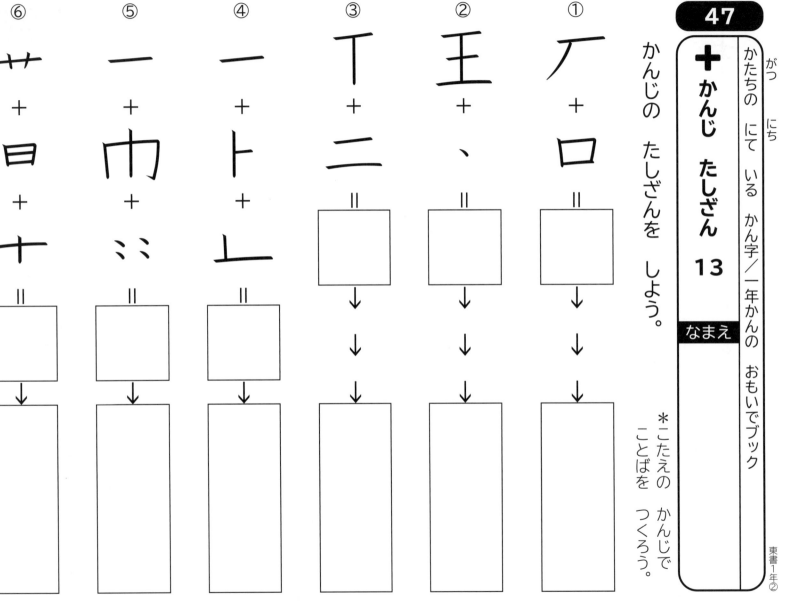

48

かん字《じ》を　つかおう　4

がつ　にち

＋かんじ　たしざん　14

なまえ

かんじの　たしざんを　しよう。

＊こたえの　かんじで　ことばを　つくろう。

① 木＋木＋木＝□ ↓ □

② 一＋大＝□ ↓ ↓ ↓ □

③ ケ＋ケ＝□ ↓ ↓ ↓ □

④ 口＋｜＋乛＝□ ↓ □

⑤ ク＋丶＝□ ↓ ↓ ↓ □

⑥ 冖＋儿＋工＝□ ↓ □

東書1年②

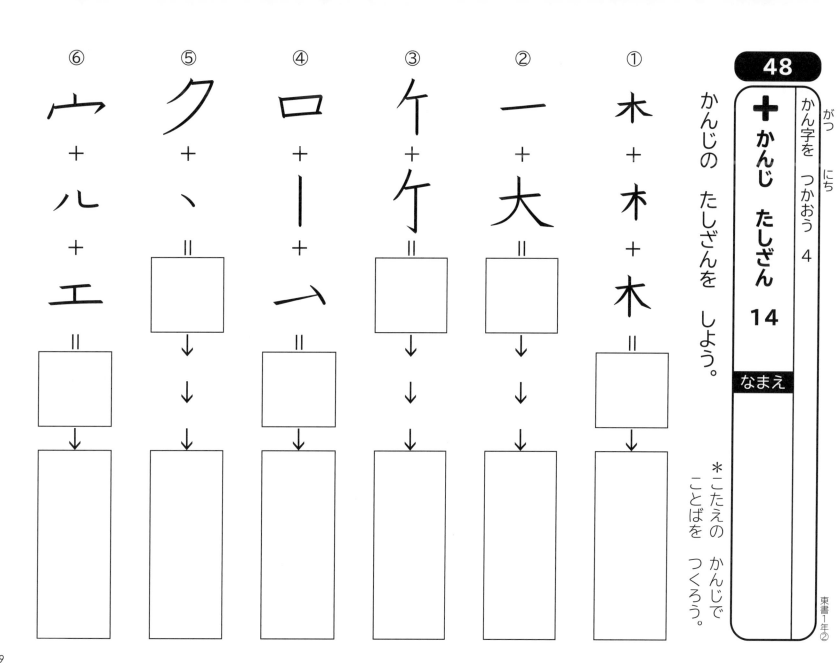

49

がつ　　にち

ふくしゅうもんだい①

＋かんじ　たしざん　15

なまえ

かんじの　たしざんを　しよう。

① 冂 ＋ 二 ＝ □ ↓ ↓ ↓ □

② ソ ＋ 人 ＝ □ ↓ ↓ ↓ □

③ 亅 ＋ フ ＋ く ＝ □ ↓ □

④ 十 ＋ 八 ＝ □ ↓ ↓ ↓ □

⑤ 𠆢 ＋ 干 ＋ 䒑 ＝ □ ↓ □

⑥ 十 ＋ 一 ＝ □ ↓ ↓ ↓ □

＊こたえの　かんじで　ことばを　つくろう。

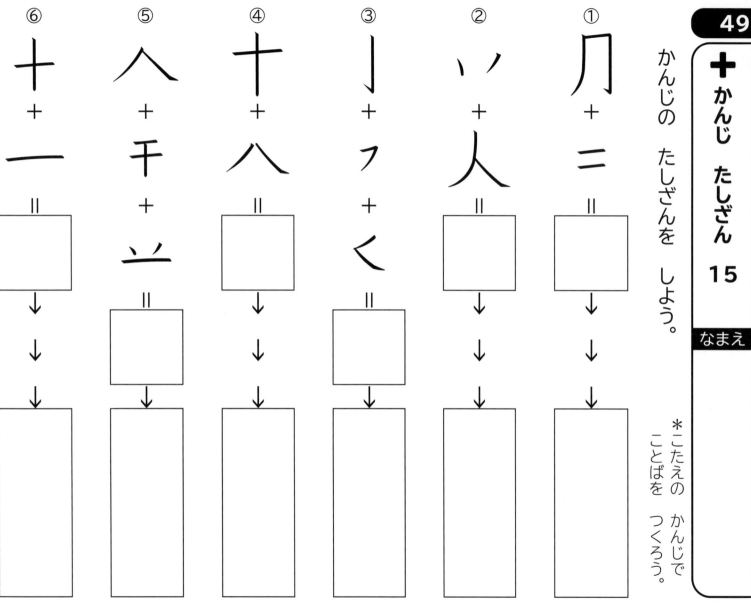

がつ　にち

ふくしゅうもんだい②

50

＋かんじ　たしざん　16

なまえ

かんじの　たしざんを　しよう。

① 冂 ＋ 三 ＝ □ → → → □

② ノ ＋ 二 ＋ 亅 ＝ □ → □

③ 一 ＋ 上 ＋ 丨 ＝ □ → □

④ 口 ＋ ト ＋ 人 ＝ □ → □

⑤ 冂 ＋ 一 ＝ □ → → → □

⑥ ノ ＋ ㇏ ＝ □ → → → □

＊こたえの　かんじで　ことばを　つくろう。

東書1年②

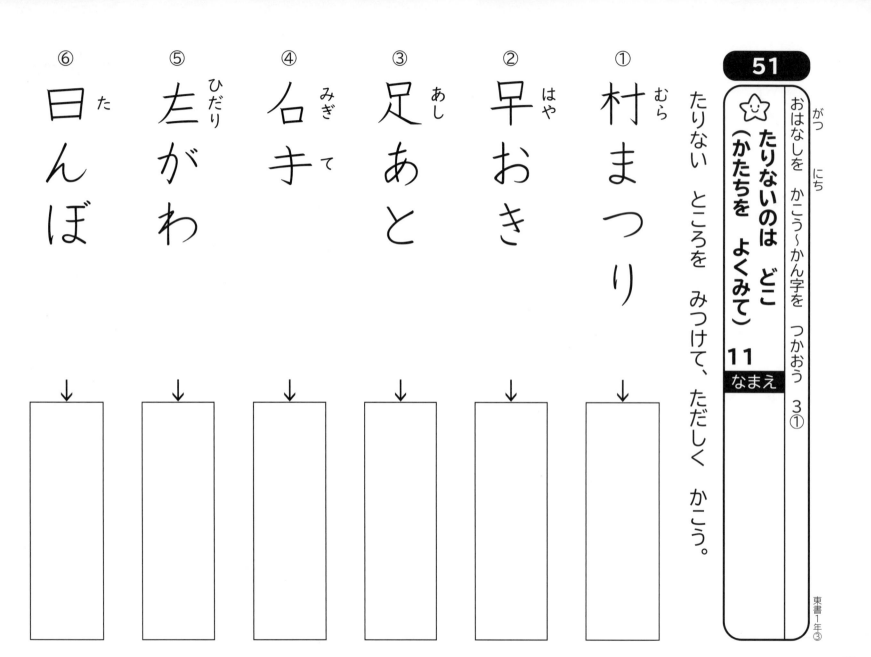

がつ　にち

おはなしを　かこう～かん字を　つかおう　3①

51

たりないのは　どこ（かたちを　よくみて）11

なまえ

たりない　ところを　みつけて、ただしく　かこう。

① 村《むら》まつり

② 早《はや》おき

③ 足《あし》あと

④ 右《みぎ》手《て》

⑤ 左《ひだり》がわ

⑥ 日《た》んぼ

かん字を　つかおう　3②／スイミー

52

たりないのは　どこ（かたちを　よくみて）12

なまえ

たりない　ところを　みつけて、ただしく　かこう。

①　十《せん》にん

②　百《ひゃく》てん

③　百《ひゃく》円《えん》

④　貝《かい》がら

⑤　糸《いと》でんわ

⑥　たけ林《ばやし》

東書1年③

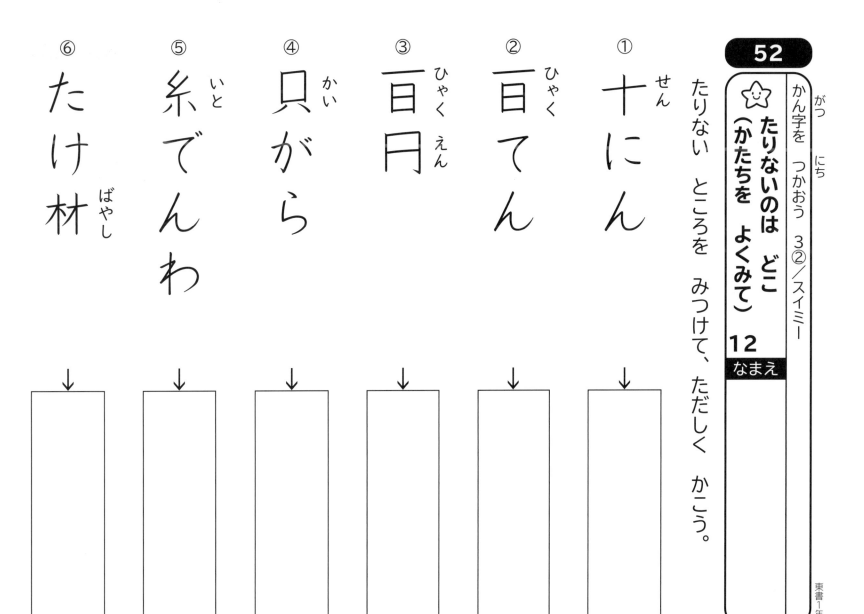

がつ　にち

かたちの　にて　いる　かん字／一年かんの　おもいでブック

53

たりないのは　どこ（かたちを　よくみて）13

なまえ

たりない　ところを　みつけて、ただしく　かこう。

① 石《いし》ころ

② 王《たま》ヘ《い》れ

③ 工《おう》さま

④ 王《ただ》しい

⑤ にわか雨《あめ》

⑥ 草《くさ》むら

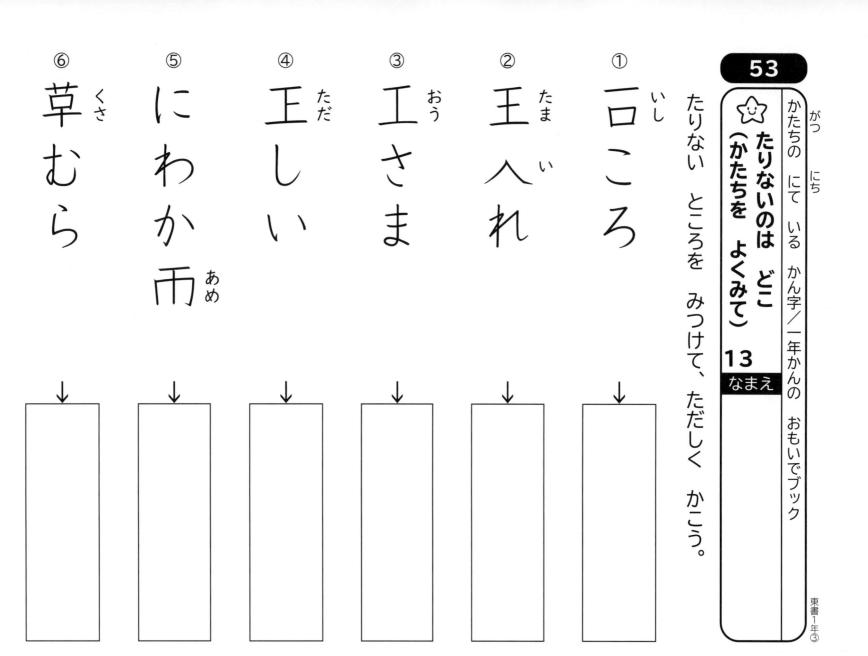

がつ　にち

54

かん字を　つかおう　4

☆たりないのは　どこ（かたちを　よくみて）14

なまえ

たりない　ところを　みつけて、ただしく　かこう。

① 森《もり》ごや

② 大《てん》気《き》

③ 竹《たけ》やぶ

④ 虫《むし》かご

⑤ ク《ゆう》やけ

⑥ 空《そら》もよう

55

がつ　にち

ふくしゅうもんだい①

たりないのは　どこ（かたちを　よくみて）15

なまえ

たりない　ところを　みつけて、ただしく　かこう。

① 花《はな》びら
↓
[　]

② 森《もり》ごや
↓
[　]

③ 川《かわ》あそび
↓
[　]

④ 草《くさ》むら
↓
[　]

⑤ 竹《たけ》やぶ
↓
[　]

⑥ 山《やま》のぼり
↓
[　]

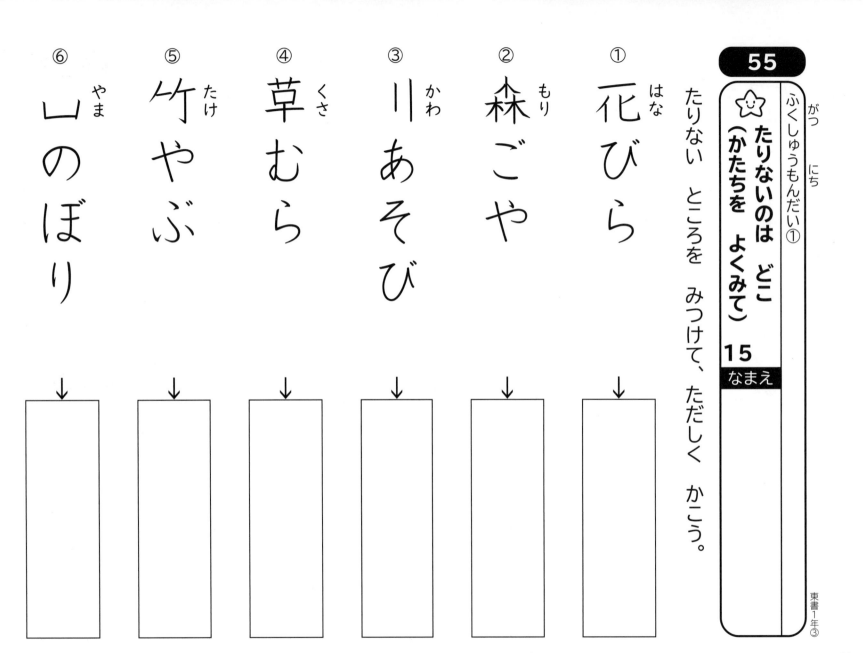

がつ　にち

ふくしゅうもんだい②

たりないのは　どこ（かたちを　よくみて）

16

なまえ

たりない　ところを　みつけて、ただしく　かこう。

① お月《つき》さま

② 人《か》よう口《び》

③ 水《みず》あそび

④ 才《き》のぼり

⑤ お全《かね》

⑥ 十《ど》よう口《び》

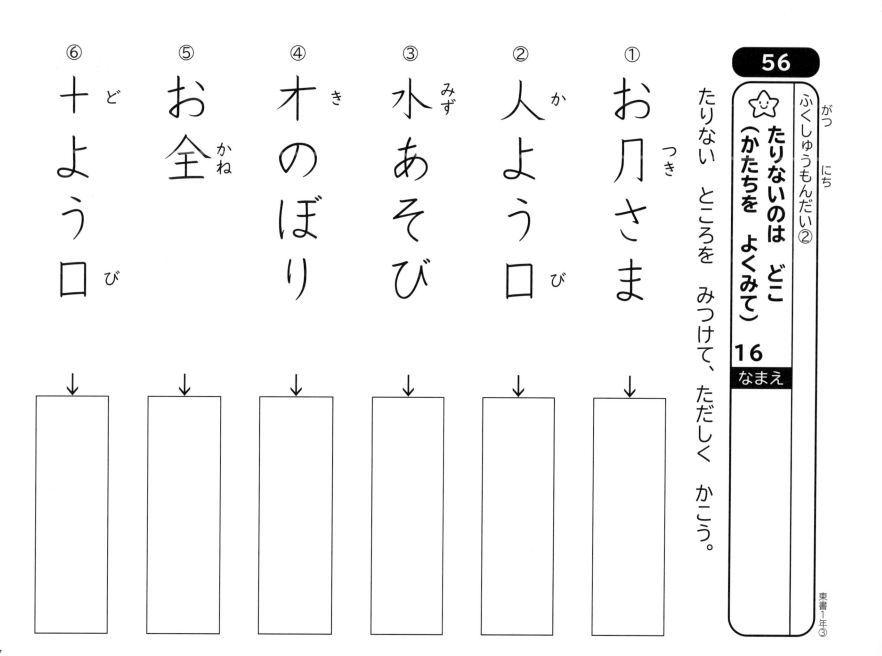

おはなしを　かこう～かん字を　つかおう　３①

57

かんじを　いれよう　11

なまえ

ぶんを　よんで、ぴったりの　かんじを　いれよう。

①山おくに、小さな□が　ありました。

②きょうは、いつもより□おきを　しました。

③ボールを□で、おもいきり　けった。

④ひだり手と□手を　あわせました。

⑤車は、どうろの□がわを　はしる。

⑥おじいさんが、□んぼで　おこめを　つくる。

ヒント

早　右　左　足　田　村

がつ　にち

58

かん字を　つかおう　3②／スイミー

かんじを　いれよう　12

なまえ

ぶんを　よんで、ぴったりの　かんじを　いれよう。

①かいもので、□えんさつを　出した。

②かん字の　テストで、□てんを　とった。

③五ひゃく□　もらって、かいものを　する。

④すなはまで、□がらを　見つけました。

⑤はりに□を　とおして、ボタンを　つける。

⑥もりや□には、木が　たくさん　ある。

ヒント

糸　円　貝　百　林　千

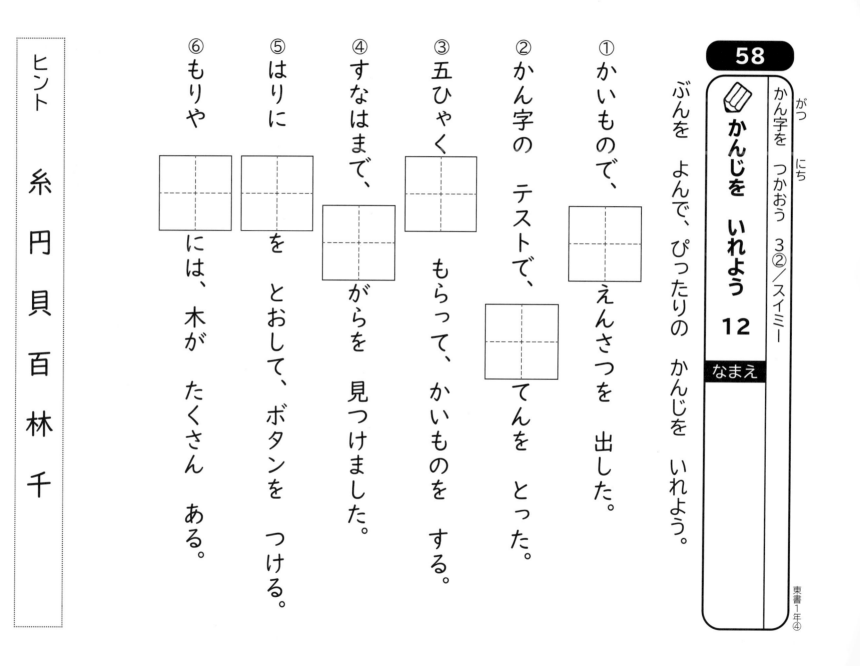

がつ　にち

かたちの　にて　いる　かん字／一年かんの　おもいでブック

東書1年④

59

かんじを　いれよう　13

なまえ

ぶんを　よんで、ぴったりの　かんじを　いれよう。

①川へ　あそびに　いって、□を　ひろう。

②うんどうかいで、□入れを　しました。

③あの　おしろには、□さまが　すんでいる。

④あの子は　いつも、れいぎ□しい。

⑤きょうは、あさから　□が　ふっている。

⑥おかあさんと、にわの　□むしりを　する。

ヒント

草　石　玉　正　王　雨

かんじを　いれよう　14

なまえ

ぶんを　よんで、ぴったりの　かんじを　いれよう。

①　□や　林には、木が　たくさん　ある。

②　あしたは　はれるか、□気よほうを　見た。

③　かぐやひめは、□から　生まれた。

④　とんぼを　つかまえて、□かごに　入れる。

⑤　きのうの　□がた、かいものに　いきました。

⑥　ひこうきが、青い　□を　とんでいる。

ヒント　天　森　虫　夕　空　竹

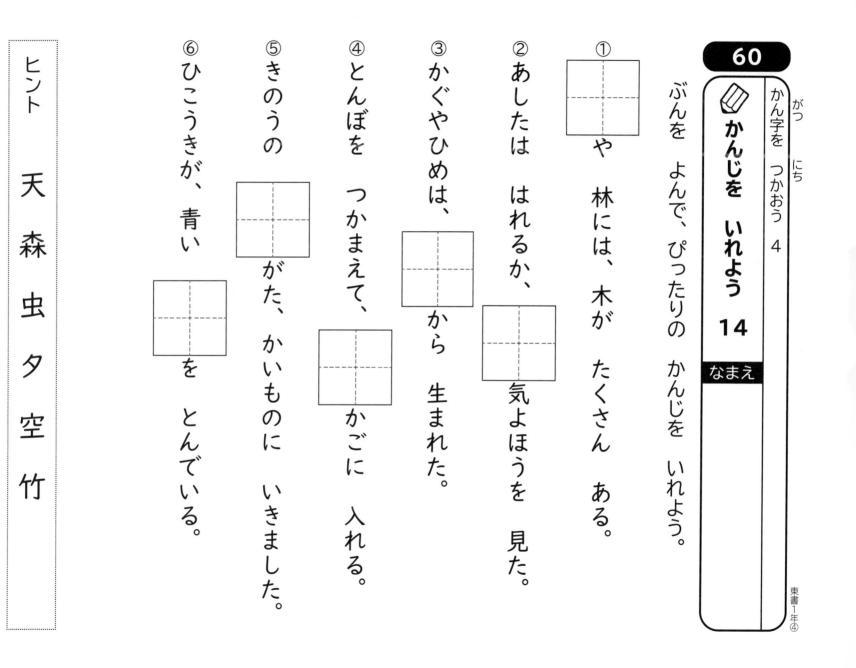

かんじを いれよう 15

ふくしゅうもんだい①

がつ　にち

なまえ

ぶんを よんで、ぴったりの かんじを いれよう。

① かぜが ふいて、さくらの □ びらが ちる。

② □ や 林には、木が たくさん ある。

③ はしの 下に □ が ながれている。

④ おかあさんと、にわの □ むしりを する。

⑤ かぐやひめは、□ から 生まれた。

⑥ たかい □ の 上に、ゆきが つもっている。

ヒント

草　花　竹　森　川　山

東書1年④

62

がつ　にち

ふくしゅうもんだい②

かんじを　いれよう　16

なまえ

ぶんを　よんで、ぴったりの　かんじを　いれよう。

①雨が　ふって、□たまりが　できた。

②さるは、□のぼりが　とくいだ。

③こんやは、まんまるな　お□さまが　出た。

④あさがおの　たねを、□に　うめました。

⑤みずを　かけて、たきびの　□を　けした。

⑥本を　かって、お□を　はらいました。

ヒント　月　火　水　木　金　土

答え

（解答例）

1

1 ぴったりかんじ 1
かぞえうた①　がつ　にち
なまえ

ぴったりの かんじを かこう。

① いぬが 一《いっ》ぴき。
② おにぎりが 二《に》こ。
③ 三《さん》びきの こぶた。
④ りんごが 四《よん》こ。
⑤ こどもが 五《ご》にん。
⑥ 六《ろっ》ぽんの えんぴつ。

東書1年①　10

2

2 ぴったりかんじ 2
かぞえうた②／かんじの はなし①　がつ　にち
なまえ

ぴったりの かんじを かこう。

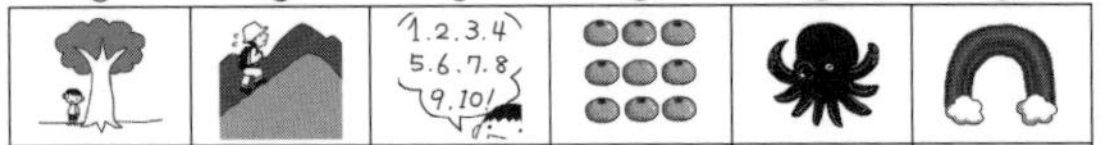

① 七《なな》いろの にじ。
② あしが 八《はっ》ぽん。
③ みかんが 九《きゅう》こ。
④ 十《じゅう》まで かぞえる。
⑤ 山《やま》に のぼる。
⑥ 木《き》の したで まつ。

東書1年①　11

3

3 ぴったりかんじ 3
かんじの はなし②　がつ　にち
なまえ

ぴったりの かんじを かこう。

① 川《かわ》で さかなつり。
② 目《め》を ぱちくりする。
③ お月《つき》さまを みる。
④ つくえの 上《うえ》の ほん。
⑤ 木の 下《した》を さがす。

東書1年①　12

4

4 ぴったりかんじ 4
サラダで げんき①　がつ　にち
なまえ

ぴったりの かんじを かこう。

① まん中《なか》に たつ。
② ぞうは 大《おお》きい。
③ プールに 入《はい》る。
④ 犬《いぬ》の さんぽ。
⑤ 小《ちい》さい おんなのこ。
⑥ 白《しろ》い とり。

東書1年①　13

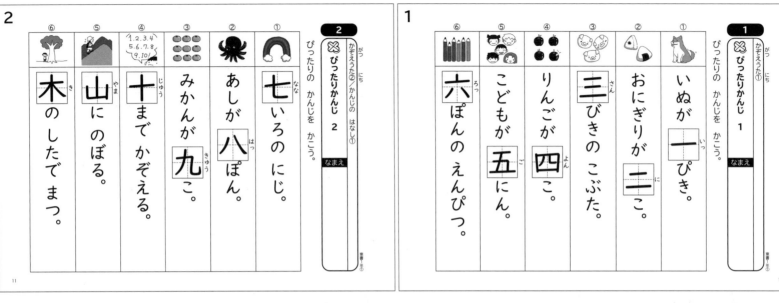

5

5
ぴったりかんじ　5
サラダで　げんき②／なにに　みえるかな
がつ　にち
なまえ

ぴったりの　かんじを　かこう。

①

そとに　出《で》る。

②

力《ちから》もちだぞ。

③

ほしを　見《み》る。

④

おとこの　先《せん》せい。

⑤

一ねん生《せい》に　なる。

⑥

げん気《き》　いっぱい。

6

6
ぴったりかんじ　6
ようびと　ひづけ
がつ　にち
なまえ

ぴったりの　かんじを　かこう。

①
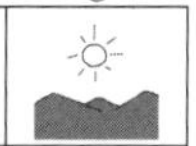
日《ひ》が　のぼる。

②

火《ひ》を　もやす。

③

水《みず》を　のむ。

④

お金《かね》を　はらう。

⑤

土《つち》から　めを　出す。

7

7
ぴったりかんじ　7
はっけんしたよ／ひらがなを　つかおう　1
がつ　にち
なまえ

ぴったりの　かんじを　かこう。

①
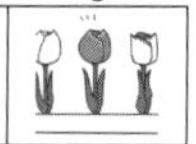
きれいな　花《はな》が　さく。

②
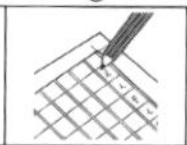
さく文《ぶん》を　かく。

③

音《おと》を　ならす。

④

町《まち》を　あるく。

⑤

ふでで　字《じ》を　かく。

8

8
ぴったりかんじ　8
いろいろな　ふね～すきな　きょうかを　はなそう
がつ　にち
なまえ

ぴったりの　かんじを　かこう。

①

おとこの　人《ひと》。

②

木の　下で　休《やす》む。

③

じどう車《しゃ》が　はしる。

④

すきな　本《ほん》を　よむ。

⑤
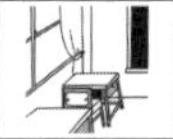
学《がっ》こうの　つくえ。

⑥

校《こう》ちょう先生

9

9

ぴったりかんじ 9

おとうとねずみ チロ①

がつ　にち

なまえ

ぴったりの かんじを かこう。

①

手《て》を あらう。

②

赤《あか》ちゃんを だっこ。

③

青《あお》い うみ。

④

名《な》ふだを つける。

⑤

ろうそくを 立《た》てる。

⑥

口《くち》を あける。

東書1年①

18

10

10

ぴったりかんじ 10

おとうとねずみ チロ②～すきな おはなしは なにかな

がつ　にち

なまえ

ぴったりの かんじを かこう。

①

耳《みみ》を すます。

②

かわいい 女《おんな》のこ。

③

子《こ》ねこが うまれる。

④

げん気な 男《おとこ》のこ。

⑤

ぼくは 一年《ねん》生。

東書1年①

19

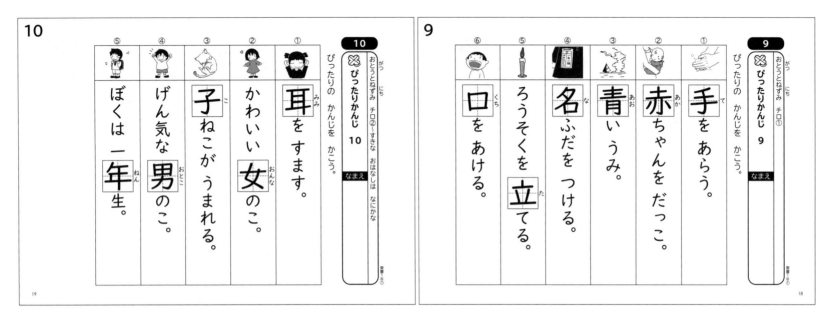

11

がつ　にち

かぞえうた①

＋かんじ たしざん 1

なまえ

かんじの たしざんを しよう。

＊こたえの かんじで ことばを つくろう。

① 一 ＝ 一 → 一つ
② 一 ＋ 一 ＝ 二 → 二さい
③ 一 ＋ 二 ＝ 三 → 三にん
④ 冂 ＋ 儿 ＋ 一 ＝ 四 → 四かく
⑤ 一 ＋ 力 ＋ 一 ＝ 五 → 五がつ
⑥ 亠 ＋ 八 ＝ 六 → 六こ

東書1年②

20

12

がつ　にち

かぞえうた②／かんじの はなし①

＋かんじ たしざん 2

なまえ

かんじの たしざんを しよう。

＊こたえの かんじで ことばを つくろう。

① 一 ＋ し ＝ 七 → 七五三
② ノ ＋ ＼ ＝ 八（別解 入） → 八まい
③ ノ ＋ 乙 ＝ 九 → 九じ
④ 一 ＋ ｜ ＝ 十 → 十えん
⑤ ｜ ＋ 凵 ＝ 山 → 山のぼり
⑥ 十 ＋ 八 ＝ 木 → 木のぼり

東書1年②

21

13

がつ　にち

かんじの はなし②

＋かんじ たしざん 3

なまえ

かんじの たしざんを しよう。

＊こたえの かんじで ことばを つくろう。

① ノ ＋ ｜ ＋ ｜ ＝ 川 → 川あそび
② 冂 ＋ 三 ＝ 目 → 目ぐすり
③ 冂 ＋ 二 ＝ 月 → お月さま
④ 卜 ＋ 一 ＝ 上 → 木の 上
⑤ 一 ＋ 卜 ＝ 下 → 下じき

東書1年②

22

14

がつ　にち

サラダで げんき①

＋かんじ たしざん 4

なまえ

かんじの たしざんを しよう。

＊こたえの かんじで ことばを つくろう。

① 口 ＋ ｜ ＝ 中 → まん中
② 一 ＋ 人 ＝ 大 → 大きい
③ ノ ＋ ＼ ＝ 入（別解 八） → 入る
④ 大 ＋ 、 ＝ 犬 → 犬ごや
⑤ ｜ ＋ ハ ＝ 小 → 小さい
⑥ ノ ＋ 日 ＝ 白 → 白ぐみ

東書1年②

23

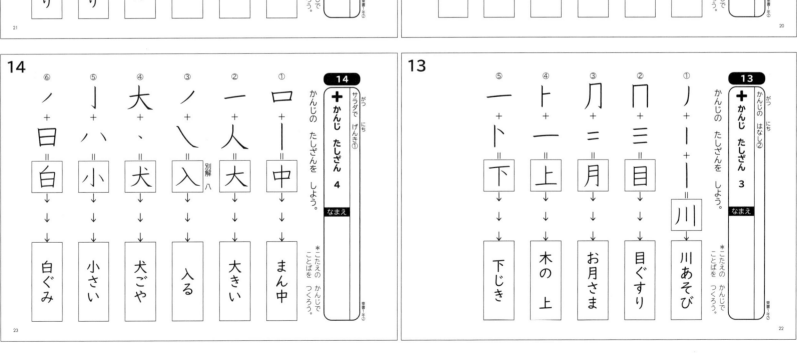

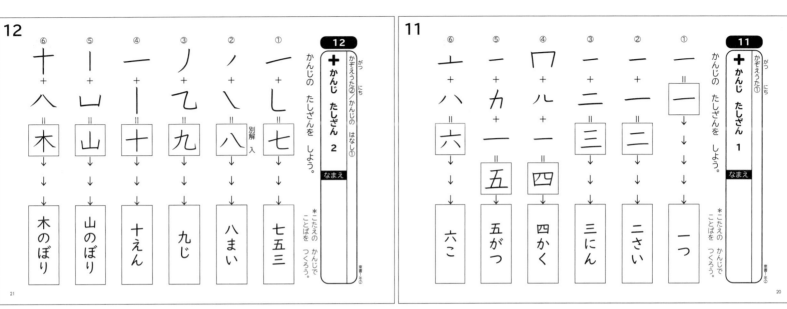

15

15 ✚かんじ たしざん 5

サラダで げんき②／なにに みえるかな

がつ にち なまえ

かんじの たしざんを しよう。

＊こたえの かんじで ことばを つくろう。

① 丨＋凵＋凵＝出 → 出ぐち

② フ＋ノ＝力 → 力もち

③ 目＋儿＝見 → 見る

④ ノ＋土＋儿＝先 → 先生

⑤ 𠂉＋丨＋二＝生 → 一ねん生

⑥ 𠂉＋乁＋メ＝気 → 気もち

東書1年②

16

16 ✚かんじ たしざん 6

ようびと ひづけ

がつ にち なまえ

かんじの たしざんを しよう。

＊こたえの かんじで ことばを つくろう。

① 冂＋一＋一＝日 → お日さま

② 丷＋人＝火 → 火よう日

③ 亅＋フ＋く＝水 → 水あそび

④ 𠆢＋干＋䒑＝金 → お金

⑤ 十＋一＝土 → 土よう日

東書1年②

17

17 ✚かんじ たしざん 7

はっけんしたよ／ひらがなを つかおう 1

がつ にち なまえ

かんじの たしざんを しよう。

＊こたえの かんじで ことばを つくろう。

① 艹＋イ＋匕＝花 → 花びら

② 亠＋乂＝文 → 文しょう

③ 立＋日＝音 → あし音

④ 田＋丁＝町 → 町かど

⑤ 宀＋子＝字 → かん字

東書1年②

18

18 ✚かんじ たしざん 8

いろいろな ふね～すきな きょうかを はなそう

がつ にち なまえ

かんじの たしざんを しよう。

＊こたえの かんじで ことばを つくろう。

① ノ＋㇏＝人 → 人さしゆび

② イ＋木＝休 → なつ休み

③ 亘＋一＋丨＝車 → でん車

④ 十＋八＋一＝本 → 本だな

⑤ ⺍＋冖＋子＝学 → 学しゅう

⑥ 木＋亠＋父＝校 → 校もん

東書1年②

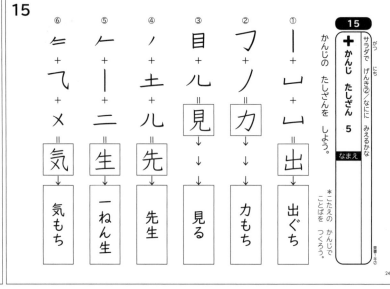

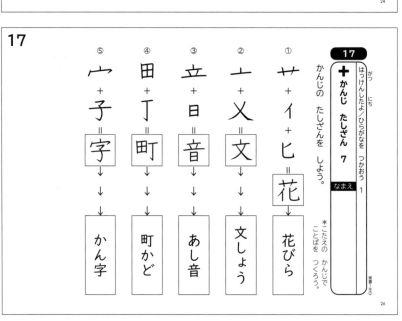

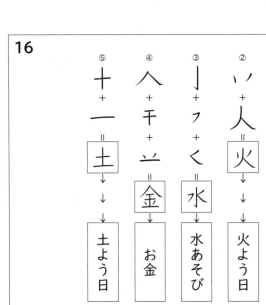

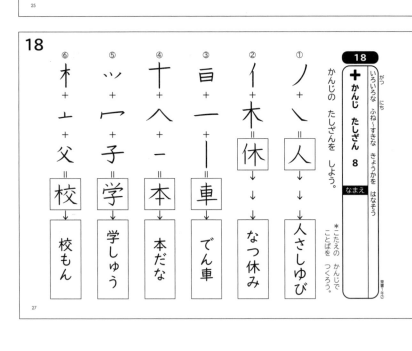

2学期の答え

19~20

19

おとうとねずみ　チロ①

がつ　にち

＋かんじ　たしざん　9

なまえ

かんじの　たしざんを　しよう。

① ノ ＋ 二 ＋ 亅 ＝ 手 → → 手ぶくろ

② 土 ＋ 川 ＋ 八 ＝ 赤 → 赤ちゃん

③ 龶 ＋ 月 ＝ 青 → → 青い

④ 夕 ＋ 口 ＝ 名 → → 名ふだ

⑤ 亠 ＋ 丷 ＋ 一 ＝ 立 → 立つ

⑥ 冂 ＋ 一 ＝ 口 → → 口ぶえ

＊こたえの　かんじで　ことばを　つくろう。

東書1年②

28

20

おとうとねずみ　チロ②~すきな　おはなしは　なにかな

がつ　にち

＋かんじ　たしざん　10

なまえ

かんじの　たしざんを　しよう。

① 一 ＋ [illegible] ＋ 丨 ＝ 耳 → 耳かき

② く ＋ ノ ＋ 一 ＝ 女 → 女の子

③ 了 ＋ 一 ＝ 子 → → 子ども

④ 田 ＋ 力 ＝ 男 → → 男の子

⑤ 𠂉 ＋ [illegible] ＋ 丨 ＝ 年 → らい年

＊こたえの　かんじで　ことばを　つくろう。

東書1年②

29

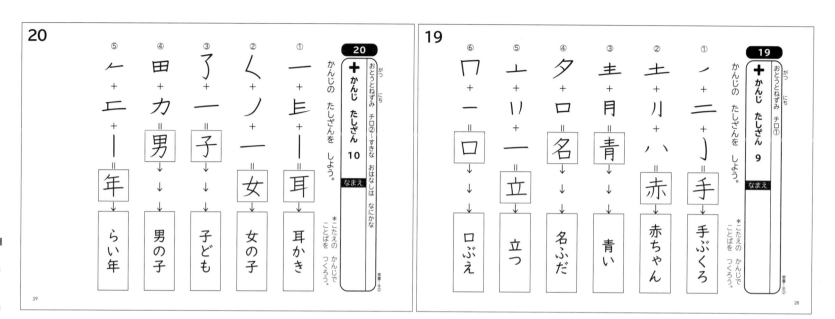

21

21 かぞえうた① がつ にち

たりないのは どこ（かたちを よくみて）1 なまえ

たりない ところを みつけて、ただしく かこう。

① 一つ《ひと》 → 一つ

② 二《に》さい → 二さい

③ 三《さん》にん → 三にん

④ 四《し》かく → 四かく

⑤ 五《ご》がつ → 五がつ

⑥ 六《ろっ》こ → 六こ

東書1年③

22

22 かぞえうた②／かんじの はなし① がつ にち

たりないのは どこ（かたちを よくみて）2 なまえ

たりない ところを みつけて、ただしく かこう。

① 七《しち》五《ご》三《さん》 → 七五三

② 八《はち》まい → 八まい

③ 九《く》じ → 九じ

④ 十《じゅう》えん → 十えん

⑤ 山《やま》のぼり → 山のぼり

⑥ 才《き》のぼり → 木のぼり

東書1年③

23

23 かんじの はなし② がつ にち

たりないのは どこ（かたちを よくみて）3 なまえ

たりない ところを みつけて、ただしく かこう。

① 川《かわ》あそび → 川あそび

② 口《め》ぐすり → 目ぐすり

③ お月《つき》さま → お月さま

④ 才《き》の 上《うえ》 → 木の 上

⑤ 丁《した》じき → 下じき

東書1年③

24

24 サラダで げんき① がつ にち

たりないのは どこ（かたちを よくみて）4 なまえ

たりない ところを みつけて、ただしく かこう。

① まん口《なか》 → まん中

② 人《おお》きい → 大きい

③ 入《はい》る → 入る

④ 大《いぬ》ごや → 犬ごや

⑤ ハ《ちい》さい → 小さい

⑥ 日《しろ》ぐみ → 白ぐみ

東書1年③

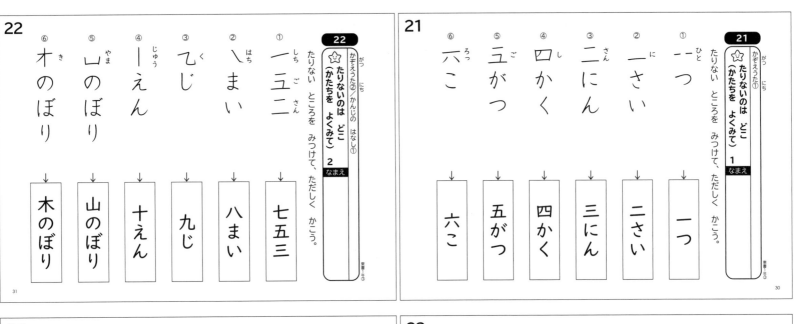

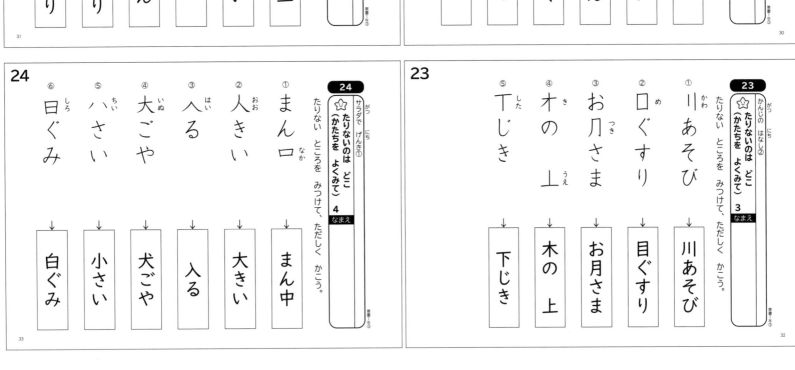

2学期の答え 25～28

25

25

がつ　にち

サラダで　げんき②／なにに　みえるかな

たりないのは　どこ（かたちを　よくみて）5

なまえ

たりない　ところを　みつけて、ただしく　かこう。

① 出《で》ぐち → 出ぐち

② 刀《ちから》もち → 力もち

③ 見《み》る → 見る

④ 先《せん》主《せい》 → 先生

⑤ 一《いち》ねん主《せい》 → 一ねん生

⑥ 気《き》もち → 気もち

東書1年①

34

26

26

がつ　にち

ようびと　ひづけ

たりないのは　どこ（かたちを　よくみて）6

なまえ

たりない　ところを　みつけて、ただしく　かこう。

① お口《ひ》さま → お日さま

② 人《か》よう口《び》 → 火よう日

③ 水《みず》あそび → 水あそび

④ お全《かね》 → お金

⑤ 十《ど》よう口《び》 → 土よう日

東書1年①

35

27

27

がつ　にち

はっけんしたよ／ひらがなを　つかおう　1

たりないのは　どこ（かたちを　よくみて）7

なまえ

たりない　ところを　みつけて、ただしく　かこう。

① 花《はな》びら → 花びら

② 文《ぶん》しょう → 文しょう

③ あし音《おと》 → あし音

④ 町《まち》かど → 町かど

⑤ かん字《じ》 → かん字

東書1年①

36

28

28

がつ　にち

いろいろな　ふね～すきな　きょうかを　はなそう

たりないのは　どこ（かたちを　よくみて）8

なまえ

たりない　ところを　みつけて、ただしく　かこう。

① ノ《ひと》さしゆび → 人さしゆび

② なつ什《やす》み → なつ休み

③ でん車《しゃ》 → でん車

④ 木《ほん》だな → 本だな

⑤ 字《がく》しゅう → 学しゅう

⑥ 校《こう》もん → 校もん

東書1年①

37

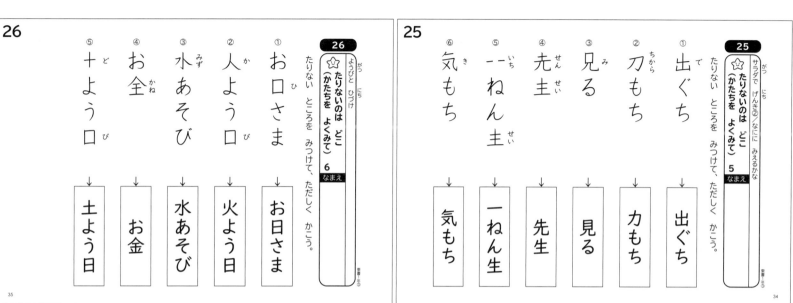

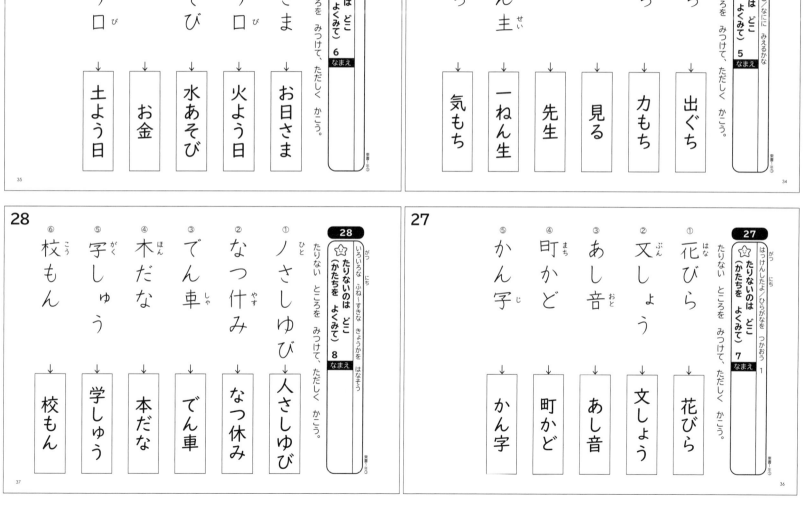

29

29

がつ　にち

おとうとねずみ　チロ①

たりないのは　どこ（かたちを　よくみて）

9

なまえ

たりない　ところを　みつけて、ただしく　かこう。

① 手《て》ぶくろ → 手ぶくろ

② 赤《あか》ちゃん → 赤ちゃん

③ 青《あお》い → 青い

④ 名《な》ふだ → 名ふだ

⑤ 立《た》てる → 立てる

⑥ 口《くち》ぶえ → 口ぶえ

東書1年③

38

30

30

がつ　にち

おとうとねずみ　チロ②〜すきな　おはなしは　なにかな

たりないのは　どこ（かたちを　よくみて）

10

なまえ

たりない　ところを　みつけて、ただしく　かこう。

① 耳《みみ》かき → 耳かき

② 女《おんな》の子《こ》 → 女の子

③ 子《こ》ども → 子ども

④ 男《おとこ》の子《こ》 → 男の子

⑤ らい年《ねん》 → らい年

東書1年③

39

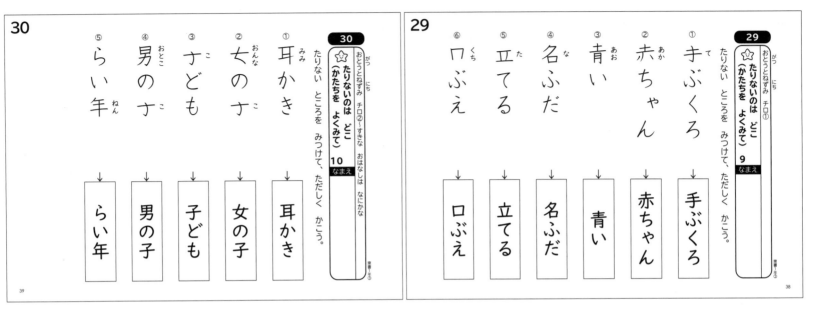

31

31
かんじを いれよう 1
かぞえうた①
がつ にち
なまえ
東書1年④

ぶんを よんで、ぴったりの かんじを いれよう。

①おかしが、四かくい はこに はいっている。
②おとうとが、三りんしゃに のっている。
③四と 六を あわせると、十になる。
④てと あしには、五ほんの ゆびが ある。
⑤ほうちょうで、ケーキを 二つに きる。
⑥せかいに、ただ 一つだけの たからものだ。

ヒント 一 二 三 四 五 六

40

32

32
かんじを いれよう 2
かぞえうた②／かんじの はなし①
がつ にち
なまえ
東書1年④

ぶんを よんで、ぴったりの かんじを いれよう。

①五えんだまが 二まいで、十えんになる。
②たかい 山の うえに、ゆきが つもっている。
③十から 一を ひくと、九に なる。
④あめあがりに、七いろの にじが かかる。
⑤さるは、木のぼりが とくいだ。
⑥たこの あしは、八ぽん ある。

ヒント 七 八 九 十 山 木

41

33

33
かんじを いれよう 3
かんじの はなし②
がつ にち
なまえ
東書1年④

ぶんを よんで、ぴったりの かんじを いれよう。

①はしの したに 川が ながれている。
②きょうは、あさ 六じに 目が さめた。
③こんやは、まんまるな お月さまが でた。
④つくえの 上に、りんごが のっている。
⑤つくえの 下に、えんぴつを おとした。

ヒント 上 目 下 月 川

42

34

34
かんじを いれよう 4
サラダで げんき①
がつ にち
なまえ
東書1年④

ぶんを よんで、ぴったりの かんじを いれよう。

①ふくろの 中には、なにが あるでしょう。
②アフリカぞうの みみは とても 大きい。
③きょうの 二じかん目は、プールに 入る。
④こうえんまで、犬を さんぽに つれていく。
⑤むしめがねで、小さな ありを みる。
⑥いちめんに、白い ゆきが つもりました。

ヒント 入 白 大 犬 小 中

43

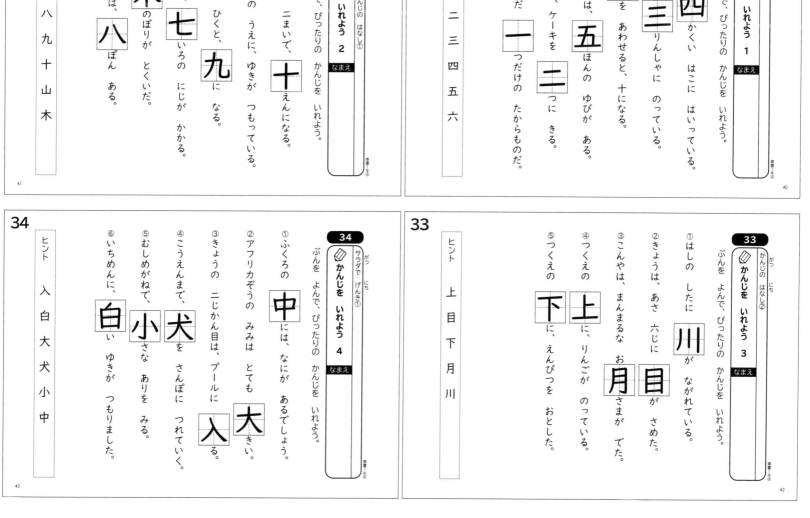

35

35

サラダで げんき②／なにに みえるかな

がつ にち

かんじを いれよう 5

なまえ

ぶんを よんで、ぴったりの かんじを いれよう。

①ランドセルから ノートを とり出す。

②おとうさんは、とても 力もちです。

③おてほんを、よく 見て かきましょう。

④かんじの しゅくだいを、先せいに みせる。

⑤一ねん生が、えんそくに いく。

⑥かたちに 気を つけて かきましょう。

東書1年④

44

ヒント 出 生 力 気 見 先

36

36

ようびと ひづけ

がつ にち

かんじを いれよう 6

なまえ

ぶんを よんで、ぴったりの かんじを いれよう。

①きょうは くもりで、お日さまが 見えない。

②みずを かけて、たきびの 火を けした。

③あめが ふって、水たまりが できた。

④ほんを かって、お金を はらいました。

⑤あさがおの たねを、土に うめました。

東書1年④

45

ヒント 水 金 日 土 火

37

37

はっけんしたよ／ひらがなを つかおう 1

がつ にち

かんじを いれよう 7

なまえ

ぶんを よんで、ぴったりの かんじを いれよう。

①かぜが ふいて、さくらの 花びらが ちる。

②えんそくの ことを、さく文に かく。

③とおくで、はな火の 音が きこえました。

④むこうの 町かどに、ポストが たっている。

⑤ならった かん字を れんしゅうする。

東書1年④

46

ヒント 町 花 文 字 音

38

38

いろいろな ふね〜すきな きょうかを はなそう

がつ にち

かんじを いれよう 8

なまえ

ぶんを よんで、ぴったりの かんじを いれよう。

①バスは、たくさんの 人を のせて はしる。

②なつ休みに、うみで およぎました。

③おとうさんは、でん車で かいしゃに いく。

④としょかんで、本を 二さつ かりました。

⑤まいあさ、八じに 学こうに つく。

⑥クラスに、あたらしい てん校生が きた。

東書1年④

47

ヒント 車 学 校 本 休 人

2学期の答え　39〜40

39

がつ　にち

おとうとねずみ　チロ①

かんじを　いれよう　9

なまえ

ぶんを　よんで、ぴったりの　かんじを　いれよう。

①みんなで　手を　つないで、まるく　なる。

②車が、赤しんごうで　とまった。

③よい　てんきで、青い　そらが　ひろがる。

④学校に　いるときは、名ふだを　つける。

⑤ケーキに　ろうそくを、七本　立てる。

⑥大きな　口を　あけて、うたいましょう。

ヒント　口　手　立　名　青　赤

東書1年④

40

がつ　にち

おとうとねずみ　チロ②〜すきな　おはなしは　なにかな

かんじを　いれよう　10

なまえ

ぶんを　よんで、ぴったりの　かんじを　いれよう。

①もの音が　したので、耳を　すました。

②赤い　スカートを　はいた　女のこ。

③こうえんで、子どもたちが　あそんでいる。

④おとうさんと　ぼくは、男どうし。

⑤らい年は、二ねん生に　なります。

ヒント　子　年　女　男　耳

東書1年④

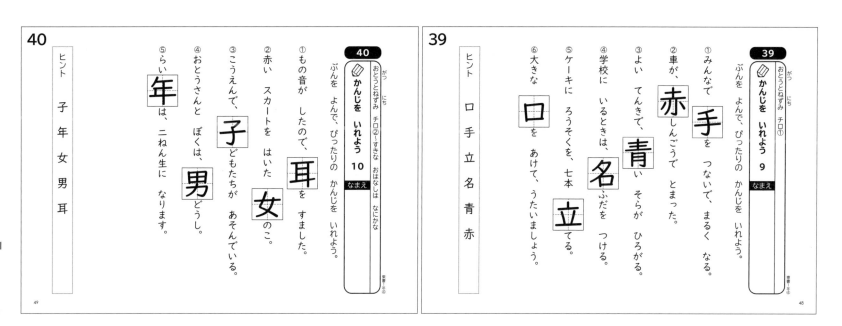

41

41 ぴったりかんじ 11
おはなしを かこう～かん字を つかおう 3①
がつ にち
なまえ

ぴったりの かんじを かこう。

① 
山あいの 村《むら》。

② 
あさ 早《はや》く おきる。

③ 
みぎ 足《あし》を あげる。

④ 
右《みぎ》手を あげる。

⑤ 
左《ひだり》ききの 子ども。

⑥ 
田《た》うえを する。

東書1年①

42

42 ぴったりかんじ 12
かん字を つかおう 3②／スイミー
がつ にち
なまえ

ぴったりの かんじを かこう。

① 
千《せん》えんさつ

② 
百《ひゃく》てんを とった。

③ 
ひゃく 円《えん》だま

④ 
貝《かい》がらを 見つけた。

⑤ 
け 糸《いと》の セーター。

⑥ 
林《はやし》で かくれんぼ。

東書1年①

43

43 ぴったりかんじ 13
かたちの にて いる かん字／一年かんの おもいでブック
がつ にち
なまえ

ぴったりの かんじを かこう。

① 
石《いし》ころを ならべる。

② 
しゃぼん 玉《だま》 とんだ。

③ 
りっぱな 王《おう》さま。

④ 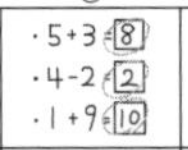

正《ただ》しい こたえ。

⑤ 
雨《あめ》が ふる。

⑥ 
うまに 草《くさ》を やる。

東書1年①

44

44 ぴったりかんじ 14
かん字を つかおう 4
がつ にち
なまえ

ぴったりの かんじを かこう。

① 
森《もり》で まよう。

② 
天《てん》しの はね。

③ 
竹《たけ》やぶの 中。

④ 
虫《むし》とりに いく。

⑤ 
うつくしい 夕《ゆう》やけ。

⑥ 
青い 空《そら》。

東書1年①

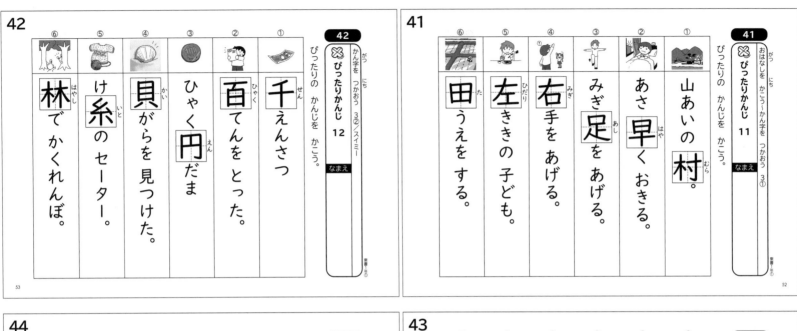

45

45 ＋かんじ たしざん 11

がつ　にち

おはなしを かこう～かん字を つかおう 3①

なまえ

かんじの たしざんを しよう。

＊こたえの かんじで ことばを つくろう。

① 木＋寸＝村 → 村まつり
② 日＋十＝早 → 早おき
③ 口＋卜＋人＝足 → 足あと
④ ナ＋口＝右 → 右手
⑤ ナ＋工＝左 → 左がわ
⑥ 冂＋十＋一＝田 → 田んぼ

東書1年②

56

46

46 ＋かんじ たしざん 12

がつ　にち

かん字を つかおう 3②／スイミー

なまえ

かんじの たしざんを しよう。

＊こたえの かんじで ことばを つくろう。

① ノ＋十＝千 → 千にん
② 一＋白＝百 → 百てん
③ 冂＋丄＝円 → 百円
④ 目＋八＝貝 → 貝がら
⑤ 幺＋小＝糸 → 糸でんわ
⑥ 木＋木＝林 → たけ林

東書1年②

57

47

47 ＋かんじ たしざん 13

がつ　にち

かたちの にて いる かん字／一年かんの おもいでブック

なまえ

かんじの たしざんを しよう。

＊こたえの かんじで ことばを つくろう。

① 厂＋口＝石 → 石ころ
② 王＋、＝玉 → 玉入れ
③ 丅＋二＝王 → 王さま
④ 一＋卜＋𠃊＝正 → 正しい
⑤ 一＋巾＋::＝雨 → にわか雨
⑥ 艹＋日＋十＝草 → 草むら

東書1年②

58

48

48 ＋かんじ たしざん 14

がつ　にち

かん字を つかおう 4

なまえ

かんじの たしざんを しよう。

＊こたえの かんじで ことばを つくろう。

① 木＋木＋木＝森 → 森ごや
② 一＋大＝天 → 天気
③ ケ＋ケ＝竹 → 竹やぶ
④ 口＋丨＋乛＝虫 → 虫かご
⑤ ク＋、＝夕 → 夕やけ
⑥ 宀＋儿＋工＝空 → 空もよう

東書1年②

59

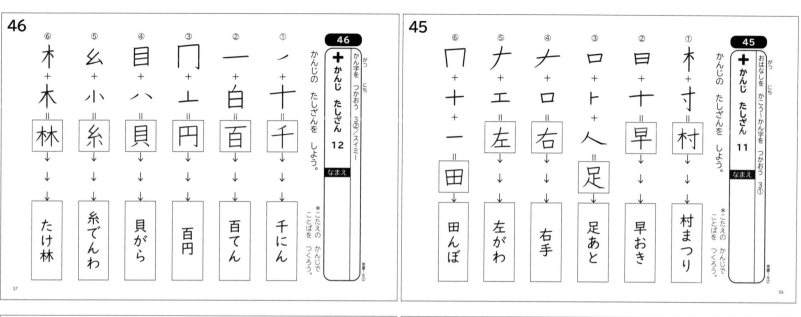

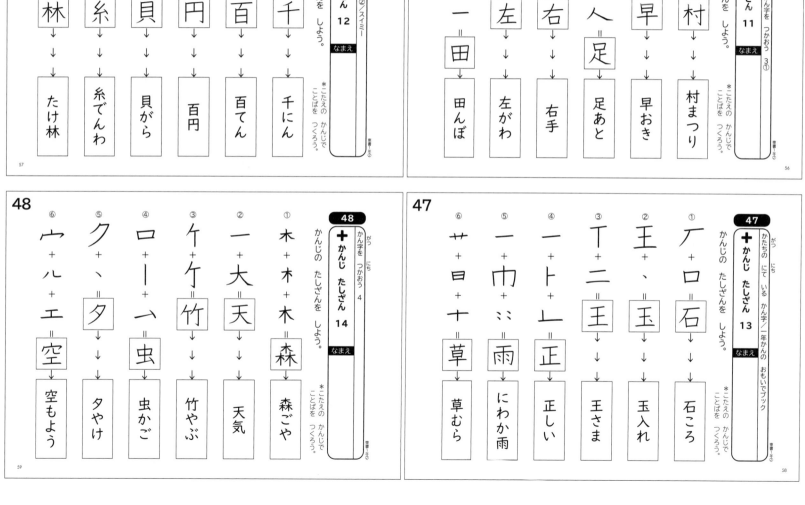

49

49 ふくしゅうもんだい① がつ にち

＋かんじ たしざん 15

なまえ

かんじの たしざんを しよう。

＊こたえの かんじで ことばを つくろう。

東書1年②

① 冂 ＋ 二 ＝ 月 → お月さま

② 丷 ＋ 人 ＝ 火 → 火よう日

③ 亅 ＋ フ ＋ く ＝ 水 → 水あそび

④ 十 ＋ 八 ＝ 木 → 木のぼり

⑤ 人 ＋ 干 ＋ 丷 ＝ 金 → お金

⑥ 十 ＋ 一 ＝ 土 → 土よう日

60

50

50 ふくしゅうもんだい② がつ にち

＋かんじ たしざん 16

なまえ

かんじの たしざんを しよう。

＊こたえの かんじで ことばを つくろう。

東書1年②

① 冂 ＋ 三 ＝ 目 → 目ぐすり

② ノ ＋ 二 ＋ 亅 ＝ 手 → 手ぶくろ

③ 一 ＋ 巨 ＋ 丨 ＝ 耳 → 耳かき

④ 口 ＋ ⺊ ＋ 人 ＝ 足 → 足あと

⑤ 冂 ＋ 一 ＝ 口 → 口ぶえ

⑥ ノ ＋ ㇏ ＝ 人 → 人さしゆび

61

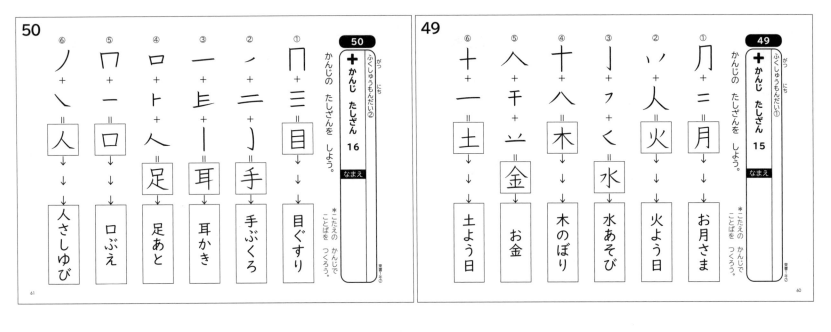

3学期の答え 51～54

51

月《がつ》　日《にち》

おはなしを かこう～かん字を つかおう 3①

たりないのは どこ（かたちを よくみて） 11

なまえ

たりない ところを みつけて、ただしく かこう。

① 村《むら》まつり → 村まつり
② 早《はや》おき → 早おき
③ 足《あし》あと → 足あと
④ 右《みぎ》手《て》 → 右手
⑤ 左《ひだり》がわ → 左がわ
⑥ 田《た》んぼ → 田んぼ

東書1年③

62

52

月《がつ》　日《にち》

かん字を つかおう 3②／スイミー

たりないのは どこ（かたちを よくみて） 12

なまえ

たりない ところを みつけて、ただしく かこう。

① 千《せん》にん → 千にん
② 百《ひゃく》てん → 百てん
③ 百《ひゃく》円《えん》 → 百円
④ 貝《かい》がら → 貝がら
⑤ 糸《いと》でんわ → 糸でんわ
⑥ たけ林《ばやし》 → たけ林

東書1年③

63

53

月《がつ》　日《にち》

かたちの にて いる かん字／一年かんの おもいでブック

たりないのは どこ（かたちを よくみて） 13

なまえ

たりない ところを みつけて、ただしく かこう。

① 石《いし》ころ → 石ころ
② 玉《たま》入《い》れ → 玉入れ
③ 王《おう》さま → 王さま
④ 正《ただ》しい → 正しい
⑤ にわか雨《あめ》 → にわか雨
⑥ 草《くさ》むら → 草むら

東書1年③

64

54

月《がつ》　日《にち》

かん字を つかおう 4

たりないのは どこ（かたちを よくみて） 14

なまえ

たりない ところを みつけて、ただしく かこう。

① 森《もり》ごや → 森ごや
② 天《てん》気《き》 → 天気
③ 竹《たけ》やぶ → 竹やぶ
④ 虫《むし》かご → 虫かご
⑤ 夕《ゆう》やけ → 夕やけ
⑥ 空《そら》もよう → 空もよう

東書1年③

65

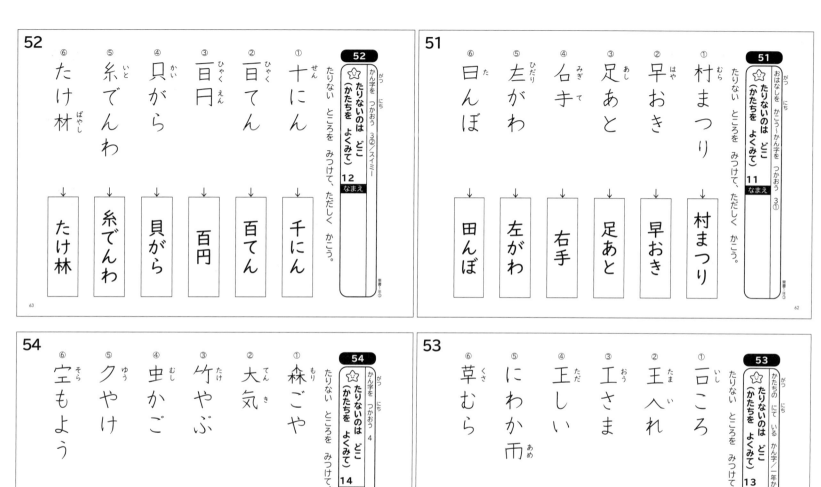

55

55

がつ　にち

ふくしゅうもんだい①

**たりないのは　どこ
（かたちを　よくみて）**

15

なまえ

東書1年③

たりない　ところを　みつけて、ただしく　かこう。

① 花《はな》びら → 花びら

② 森《もり》ごや → 森ごや

③ 川《かわ》あそび → 川あそび

④ 草《くさ》むら → 草むら

⑤ 竹《たけ》やぶ → 竹やぶ

⑥ 山《やま》のぼり → 山のぼり

56

56

がつ　にち

ふくしゅうもんだい②

**たりないのは　どこ
（かたちを　よくみて）**

16

なまえ

東書1年③

たりない　ところを　みつけて、ただしく　かこう。

① お月《つき》さま → お月さま

② 火《か》よう日《び》 → 火よう日

③ 水《みず》あそび → 水あそび

④ 木《き》のぼり → 木のぼり

⑤ お金《かね》 → お金

⑥ 土《ど》よう日《び》 → 土よう日

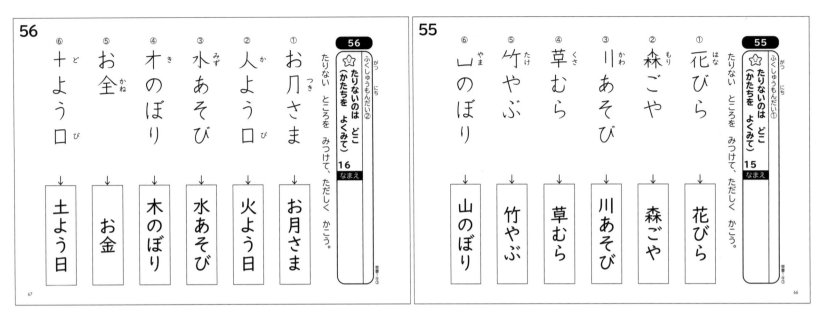

57

57
おはなしを かこう〜かん字を つかおう 3①
がつ にち
かんじを いれよう 11
なまえ

ぶんを よんで、ぴったりの かんじを いれよう。

① 山おくに、小さな 村が ありました。
② きょうは、いつもより 早おきを しました。
③ ボールを 足で、おもいきり けった。
④ ひだり手と 右手を あわせました。
⑤ 車は、どうろの 左がわを はしる。
⑥ おじいさんが、田んぼで おこめを つくる。

ヒント 早 右 左 足 田 村

東書1年④

68

58

58
かん字を つかおう 3②／スイミー
がつ にち
かんじを いれよう 12
なまえ

ぶんを よんで、ぴったりの かんじを いれよう。

① かいもので、千えんさつを 出した。
② かん字の テストで、百てんを とった。
③ 五ひゃく円 もらって、かいものを する。
④ すなはまで、貝がらを 見つけました。
⑤ はりに 糸を とおして、ボタンを つける。
⑥ もりや 林には、木が たくさん ある。

ヒント 糸 円 貝 百 林 千

東書1年④

69

59

59
かたちの にて いる かん字／一年かんの おもいでブック
がつ にち
かんじを いれよう 13
なまえ

ぶんを よんで、ぴったりの かんじを いれよう。

① 川へ あそびに いって、石を ひろう。
② うんどうかいで、玉入れを しました。
③ あの おしろには、王さまが すんでいる。
④ あの子は いつも、れいぎ正しい。
⑤ きょうは、あさから 雨が ふっている。
⑥ おかあさんと、にわの 草むしりを する。

ヒント 草 石 玉 正 王 雨

東書1年④

70

60

60
かん字を つかおう 4
がつ にち
かんじを いれよう 14
なまえ

ぶんを よんで、ぴったりの かんじを いれよう。

① 森や 林には、木が たくさん ある。
② あしたは はれるか、天気よほうを 見た。
③ かぐやひめは、竹から 生まれた。
④ とんぼを つかまえて、虫かごに 入れる。
⑤ きのうの 夕がた、かいものに いきました。
⑥ ひこうきが、青い 空を とんでいる。

ヒント 天 森 虫 夕 空 竹

東書1年④

71

61

61

がつ　にち

ふくしゅうもんだい①

かんじを いれよう 15

なまえ

ぶんを よんで、ぴったりの かんじを いれよう。

①かぜが ふいて、さくらの 花びらが ちる。

②森や 林には、木が たくさん ある。

③はしの 下に 川が ながれている。

④おかあさんと、にわの 草むしりを する。

⑤かぐやひめは、竹から 生まれた。

⑥たかい 山の 上に、ゆきが つもっている。

ヒント 草 花 竹 森 川 山

東書1年④

62

62

がつ　にち

ふくしゅうもんだい②

かんじを いれよう 16

なまえ

ぶんを よんで、ぴったりの かんじを いれよう。

①雨が ふって、水たまりが できた。

②さるは、木のぼりが とくいだ。

③こんやは、まんまるな お月さまが 出た。

④あさがおの たねを、土に うめました。

⑤みずを かけて、たきびの 火を けした。

⑥本を かって、お金を はらいました。

ヒント 月 火 水 木 金 土

東書1年④

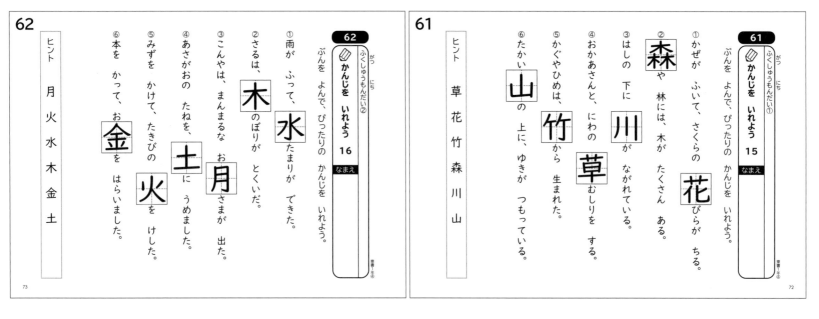

【監修者】
竹田　契一（たけだ　けいいち）
大阪医科薬科大学 LD センター顧問，大阪教育大学名誉教授

【著者】
村井　敏宏（むらい　としひろ）
青丹学園発達・教育支援センター フラーテル L.C.，
S.E.N.S（特別支援教育士）スーパーバイザー，言語聴覚士，
日本 LD 学会会員，日本 INREAL 研究会事務局

中尾　和人（なかお　かずひと）
小学校教諭，S.E.N.S（特別支援教育士），公認心理師，
精神保健福祉士，日本 LD 学会会員

【イラスト】 村井美穂，木村美穂
【表紙デザイン】 ㈲ケイデザイン

通常の学級でやさしい学び支援
改訂　読み書きが苦手な子どもへの
＜漢字＞支援ワーク　東京書籍１年

2024年８月初版第１刷刊
監修者　竹　田　契　一
©著　者　村　井　敏　宏
中　尾　和　人
発行者　藤　原　光　政
発行所　明治図書出版株式会社
http://www.meijitosho.co.jp
（企画・校正）西野千春
〒114-0023　東京都北区滝野川7-46-1
振替00160-5-151318　電話03（5907）6640
ご注文窓口　電話03（5907）6668

＊検印省略
組版所　株　式　会　社　明　昌　堂

Printed in Japan　ISBN978-4-18-923126-4